己の帆を張って、大海へ乗り出せ。

Tomoyuki　Eihara

榮原 智之 著
Tomoyuki Eihara

改訂版　2024 Classicプラス

売上を伸ばすより
利益をはじき出せ

飲食店経営の
最強戦術

セルバ出版

はじめに

ここ数年、外食産業は、厳しい売上の減少に晒されています。サブプライム以降、前年の売上をキープするなどということは夢のまた夢です。この3、4年間の売上は、前年の70％、また前年の70％、また前年の70％といった推移を辿っています。

例えば、3年前の月商が1000万円であれば、翌年はその70％の700万円になってしまい、次の年はその70％の490万円という落込みであり、2年前の半分にも満たないありさまです。

加えて、2011年3月11日の東日本震災があってからは、さらに前年対比70％に落ちています。どういうことかといえば、売上は350万円、4年前の3分の1に激減しているわけです。

筆者の店も例外ではなく、営業努力して一生懸命やっていても、5軒が5軒ともこういうレベルで下がっているのです。

その5軒もいろんな業態や業種をやっていますが、どの業態・業種も同じように3年間30％ずつ下がって、何と4年前の売上の3分の1しかありません。年商3億円あった会社が、1億円にまで落ち込んでしまっているのです。これぐらい厳しい状況なのです。

業界は、こぞって売上回復を目指して集客アップを図って、広告宣伝に金をかけました。その有力手段が、集客サイトでした。しかし、それもかつてほどの力はなく、コストパフォーマンスから見れば、ほとんどのところはペイしないというような状況です。

割引、値引、割増サービス……お客様を増やすためのあらゆる対策が打たれましたが、お客様は戻ってきません。お客様は増えない、売上はアップしないのです。

そこで、筆者が提案するのは、売上が伸びないことを前提にした生残り戦略の実施です。その骨子は、F（Food＝食材費）L（Laybor＝人件費）コストの削減で、売上が減っても利益アップができる施策を考え、実践していこうというものです。

一般に、外食業界のFLコストは、売上の50％～60％のラインがなかなか切れないといわれていますが、これを40％にしようというのです。FLコストを40％までもっていくことができれば、経営の見える景気が一変します。もちろん、必要な利益も十分確保できます。

筆者は、長年の飲食店経営とコンサルタントとしての経験を踏まえて、それを実現するための秘策を紹介していきたいと思います。

平成24年11月

改訂版　はじめに

本書が数年の時間をおいて今再販されたのは、多くの方から今一度本書の持つ意味を知りたい、もう一度読んでみたいとご要望をいただいたことからです。
時代がどのように変わったのか、本書の内容がいかに未来を見据えたものであったのか過去を知ることで未来を読み解くことの大切さを知っていただければと考えたのです。

榮原　智之

２０２３年11月

改訂版　売上を伸ばすより利益をはじき出せ―飲食店経営の最強戦術　目次

第2章　前年対比売上70％の地獄と前年対比利益130％の天国

6 インターネットと外食産業

第3章　やめるサービスとやめる勇気

第１章　ＦＬ40％から見える景色・世界

1　FL40%の必要性

①料理人の高給がネックに

まず、F（フード・原材料費）L（レイバー・人件費）40%というは、どういうものかをみてみましょう。

外食産業は、FとLの2つが主要支出です。その中でも、特に人件費コストが高いのですが、何とその3分の2は食材を加工して提供する調理人の給料なのです。

フロアの人間、つまり接客をしている人の人件費は、3分の1であったり、半分いかないことが多いのです。

例えば、売上が毎月100万円あるとすれば、人件費が60万円、そのうち厨房スタッフの人件費が40万円ということになります。

その理由は、ある程度のよい料理を出そうとすれば、よい料理人を雇う必要がありますが、一般

的によい料理人＝よい料亭で何年間か修行してきて美しい料理を提供できるような料理人ということになり、自ずと給料が高くなるからです。

とくに、小さな料理店とか店数が少ない飲食グループは、そうした料理人を求めたがる傾向が強いようです。それが、外食の基本だと思いがちだからです。

したがって、調理人がいなければ、外食産業のコストは非常に安く押えることができるのです。

②セントラルキッチン方式も限界

バブル当時やこれまでの外食産業は、調理人のコストを安くしたり、あるいは退社のリスクを減らすために、ファミリーレストランという形で、セントラルキッチンから冷凍したものや真空パックしたものを運んできて、それを加工するだけ、温めるだけ、ちょっと焼くだけという考え方で、基本的にあまりよいものではない安いものを提供することで乗り切ってきました。

ところが、それは、店の売上はオープンさえすれば上がる時代の話です。

いまはオープンさせてもお客様が来ないような時代です。それなのに、いままでどおりの安いものを提供して、何とか成立させようとしていますが、それは無理といわざるを得ません。

例えば、最近では、１品がすごく安いことを売りに、２８０円居酒屋といった店が展開されています。

ところが、それを食べているお客様は、美味しいとは思っておらず、また食べたいなという期待感も持てず、素敵なものが出てくるんではないかというワクワク感もありません。料理にシズル感もなければ、美しさもない状態に陥っています。

しかも、そこまでやり繰りしても、外食産業のＦＬコストは、50％、60％のラインがなかなか切れないのです。

③売上減の中で相対的に増大する人件費・広告宣伝費

まして、サブプライム以降、年々景気が悪くなっていく中で、外食産業のマーケットも縮小しており、出店すれば儲かる時代はとうの昔に終わって、出店して創意工夫をして儲かる時代、さらにはお客様を送ってくれるインターネットのサイトのシステム、いわゆるホットペッパーとか、ぐるなびといった送客エンジンからお客様をいただく時代へと移行しています。

つまり、外食産業は、増える人件費コスト＋高いセールスプロモーションコストという二重のコスト増大構造を抱えることになってしまったといえます。

したがって、現在の外食産業は、どこともそこから何とかして抜け出したいと日々奮闘しているのです。

具体的に考えてみましょう。

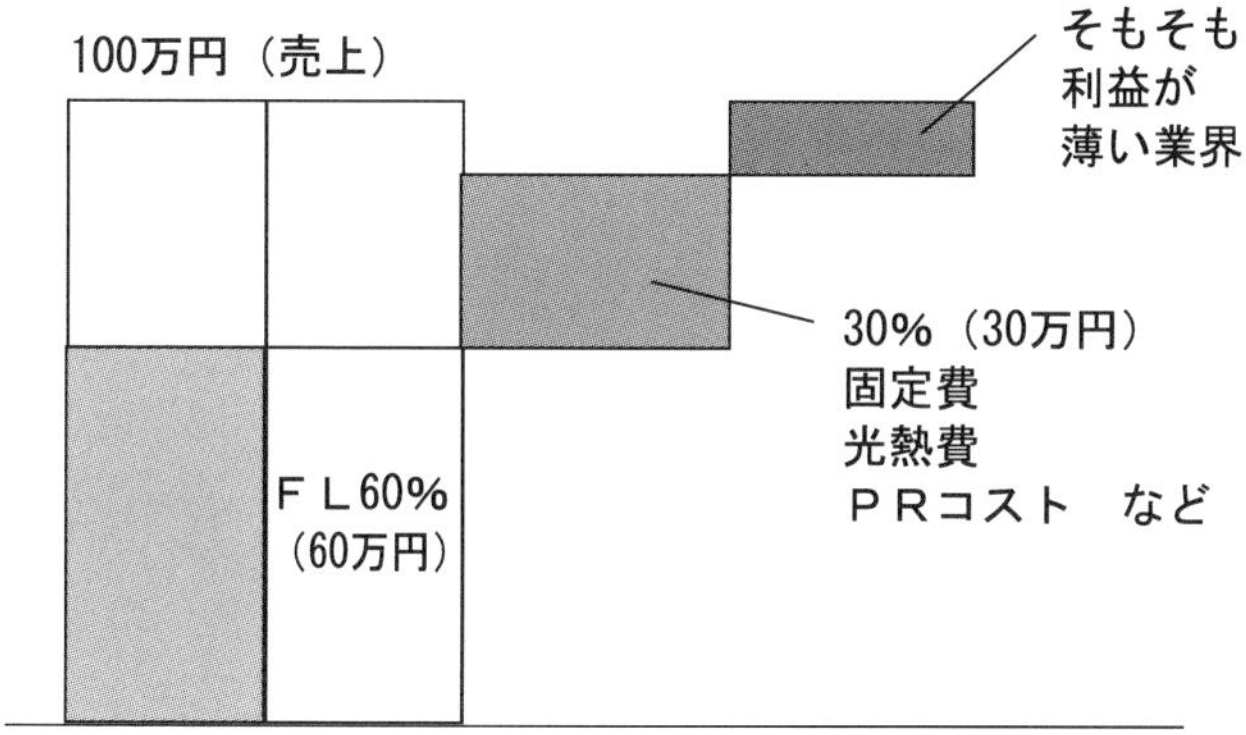
100万円（売上）
そもそも
利益が
薄い業界
30%（30万円）
固定費
光熱費
ＰＲコスト　など
ＦＬ60%
（60万円）

〔数年前〕

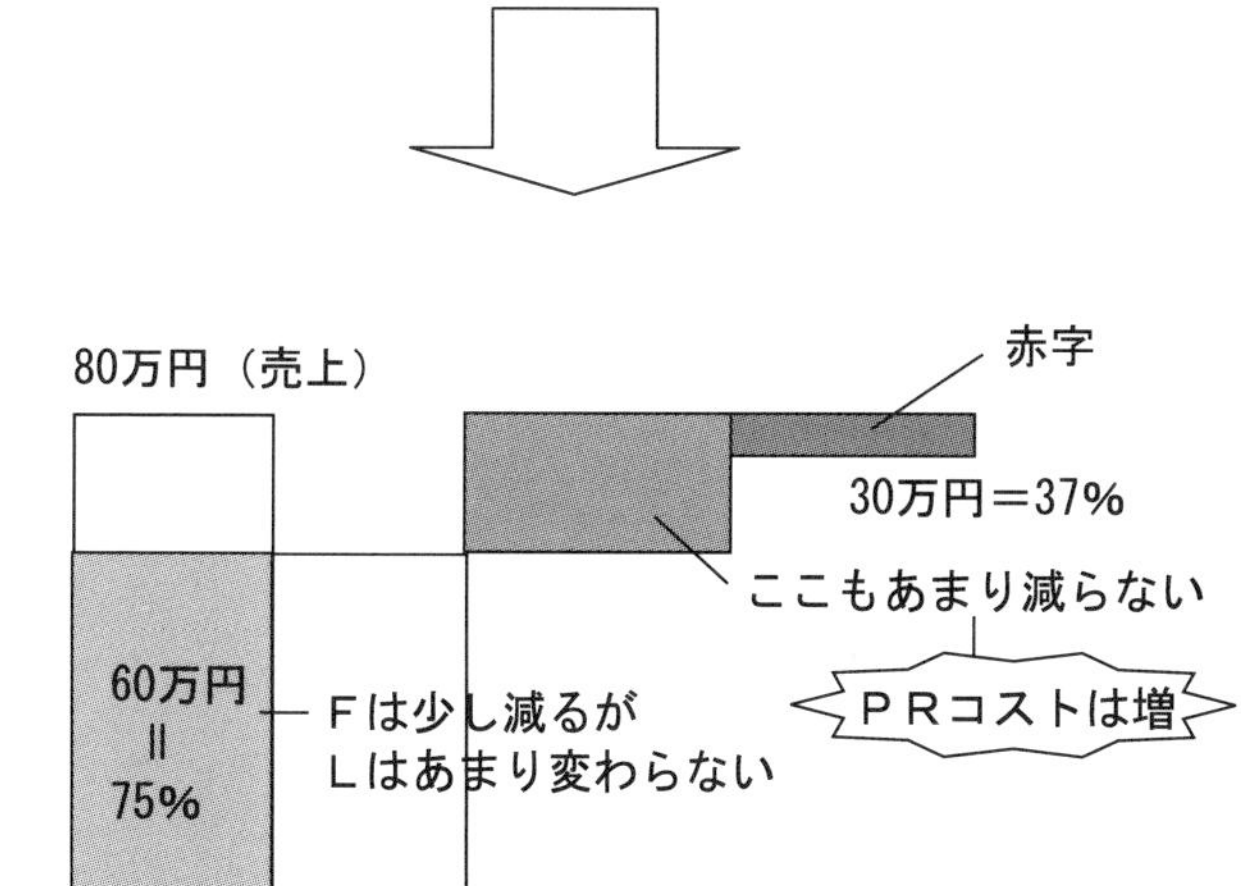
80万円（売上）
赤字
30万円＝37%
ここもあまり減らない
ＰＲコストは増
60万円
＝
75%
Ｆは少し減るが
Ｌはあまり変わらない

〔現在〕

例えば、売上１００万円で60万円の人件費を払えば、もうＬ（人件費）コストは60％です。さらに30万円のＦ（原材料）コストかかれば、それだけで90％に達してしまいます。

３年前の調子のよい頃には、売上１００万円でＦＬコストは60％だといわれていました。その場合は、残りの40万円から家賃などの固定費から水道光熱費といった変動費を引いた残りがお店の利益という形になるのですが、構造的にはＦＬコストが大体60％、固定費等が30％、利益が10％というのが平均的でした。

しかし、一番重要な売上がここ３年間どんどん落ち込んでいるので、かつて１００万円売り上げていたお店が、売上80万円になってしまっているような状況です。

すると、どういうことになるのかおわかりですか。

ＦＬコストは、比例しますから、例えばＦＬコストが60％だったら、売上が80万円になれば48万円になり、12万円減ります。

Ｆは、当然提供する量が減るから、減ります。

ところが、Ｌは減らないのです。なぜなら、１人抜けてしまうとお店がまわらない構造になっているからです。

それをまわすには、セントラルキッチン方式を導入するしかないわけですが、それは美味しさを犠牲にすることにつながり、お客様がなかなか再来店しないという悪循環を招くことにつながります。

外食産業は、通常、人件費30%、仕入30%、その他経費30%っていう構成が多いのですが、最近は人件費率がどんどん伸びています。

しかし、それは、人件費が高くなっているわけではありません。売上が落ちてしまうので、売上に対して占める人件費の割合が、どんどんかさんでしまうからです。

例えば、売上が１００万円から半分の50万円になったからといって、勤めている人たちの給料を25万円から12万５千円に半減できるのかというと、とてもできません。

それどころか、多少でも厳しい待遇を匂わせば、「転職します」「退社して○○に移ります」ということになります。

外食産業経営におけるＦＬコストの管理の難しさの一端がおわかりいただけたと思います。

④ＦＬコストを40%台にすれば状況は一転する

しかし、ＦＬコストを40%台までもっていくと、今度は外食産業経営の見える景色が変わってきます。

どういうことかというと、最初から50%～70%ぐらいのＦＬコストがかかるとシミュレーションした場合、それでお店を出すのはなかなか難しいといわざるを得ません。

ある程度、毎日何人のお客様、いくらの売上がないとできませんよという足枷がついてくるわけです。

ところが、売上に対して40％でまわすという考え方になれば、最初から20％、下手すると30％違うため、その20％〜30％を利益に繋げることもできるし、広告宣伝費にすることもできます。

つまり、よいスパイラルに入ることができるのです。

そのためにも、ＦＬコストをぜひとも上手にコントロールすることが大切なのです。

人件費が経営者を悩ませる

2　キッチンをなくしたら客席が20％も増えた

①キッチンレスでなぜ客席が増える

どうすれば、ＦＬを40％にできるのでしょうか。

いくつかの方法がありますが、筆者がとった第一の方法は、キッチンをなくしてしまうことでした。

方法論は、後に置いて、キッチンをなくすとどんなことが起こるかを説明しましょう。

大体、飲食店のキッチンは、全営業面積（借りている賃料の面積）の20％〜30％を占めています。

例えば、10坪のお店があるとしましょう。一般的には、坪面積×１・５席〜２席、これが飲食店の座席数です。

少し高めのお店になれば、10坪で10席です。客単価３０００円〜５０００円ぐらいのお店では10坪×１・５で15席、もっと安い居酒屋や立呑屋など客単価２０００円代ぐらいのお店であれば、10

坪×2で20席ぐらいの客席数ということになります。

なぜこういう計算ができるかというと、10坪に対してキッチンが2〜3坪あるからです。

小さい居酒屋などは、食べるスペースと同じ広さの厨房スペースがカウンターの中にあります。

うんと小さなお店でも、カウンター内と暖簾の奥にもう1坪分ぐらいのキッチンスペースがあったりします。

提供スペース、フロア、客席数は、売上につながります。

ところが、キッチンスペースは、売上につながりません。支出のみを達成させる場所なのです。

もちろん、売上につながる仕込みをする場所ですから、売上にまったく関係ないということはありませんが、その面積が小さければ小さいほど、座席数を増やすことができます。

仮に、飲食店の座席面積のうち30%をキッチンが占めている場合、先ほどの計算を適用すれば、座席数は1・5席×10坪で15席だったのですが、キッチンをなくして座席にすれば3割伸びて20席になります。

最初からキッチンがなければ、売上が20%余計に見込めるわけです。

ここまでは、キッチンだけを取り上げましたが、トイレも同じです。

店内に男性用・女性用の立派なトイレを2つつくろうとすれば、10坪のお店では到底無理です。

30〜40坪以上のお店で初めて可能となります。

ところで、これも店内に設置せず、共用のトイレが上手く利用できるような立地だと、その分5%、

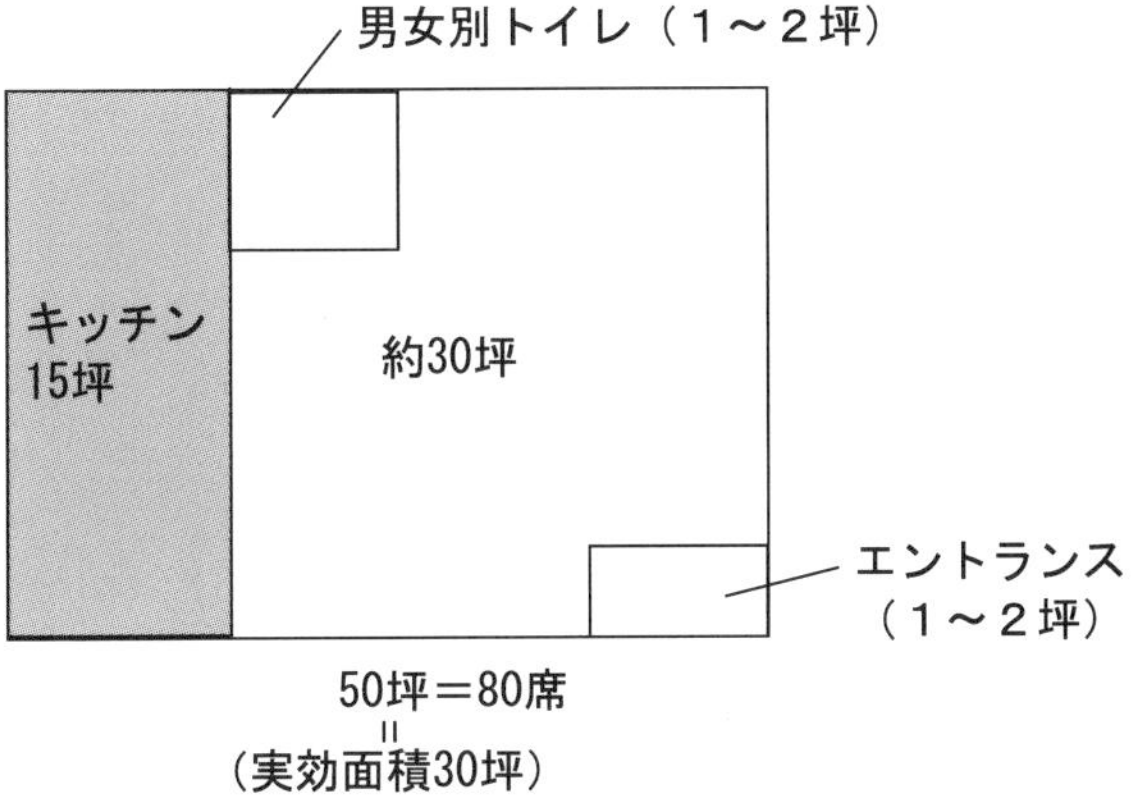

●金・土・日曜日の稼ぎ時でも80人で一杯

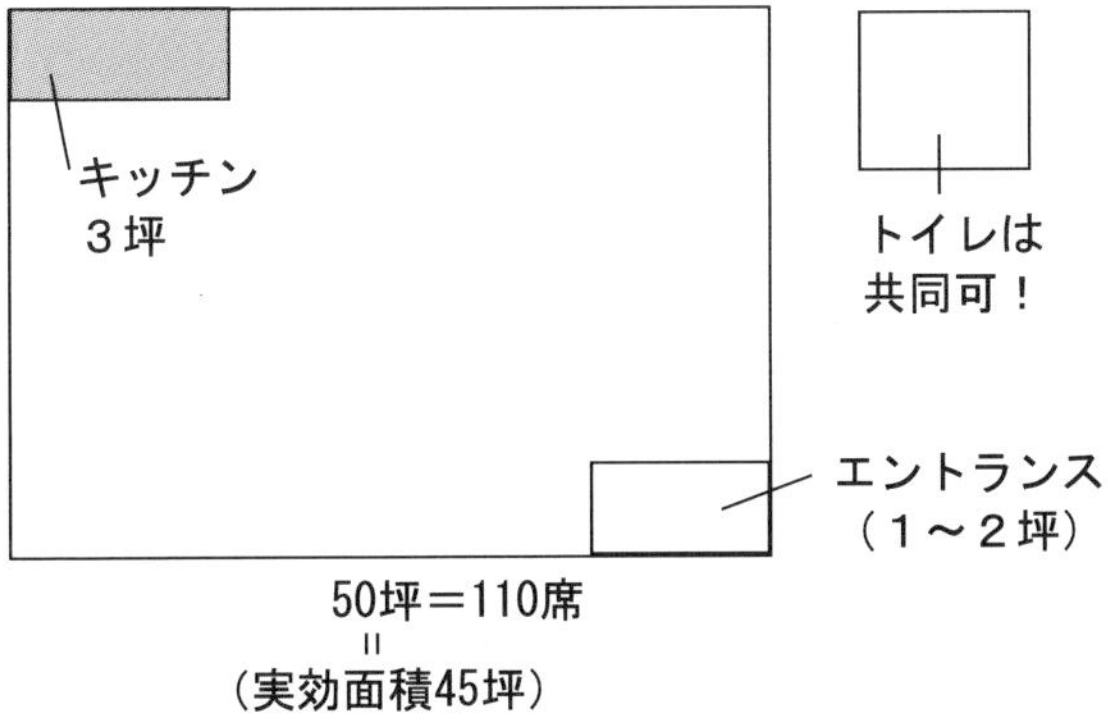

●稼ぎ時に110人（110人－80人＝30人）
3,000円×30人＝90,000円アップ

10％と客席を増やすことができます。

要するに、トイレ共用のビルがお得ということになります。店舗選びの際の重要な要素になるかもしれません。

②キッチンレス＝客席増＝売上増

つまり、キッチンをなくすことは、イコール売上を確保することになるわけです。

飲食店は、キッチンがなければ料理提供ができないという固定概念に捉われていますが、それを覆すことができるならば、非常に大きなメリットにつながるわけです。

これは、すごく重要なことです。

なぜなら、いま、平日にお店が一杯になるなどということは、まずありません。

なるのは、繁忙期・繁忙時間帯、普通の月でいうならば金曜日・土曜日、郊外店であれば日曜日だけです。

金・土・日曜日の18時～20時ぐらいの間が稼ぎ時だといえます。

その繁忙期・繁忙時間帯に80席だと最大80人しか入れませんが、同じ床面積で１００席あれば１００人入るわけです。

すなわち、客席数が多いということは、売上を上げるための必須要件ということになります。

つまり現況は、お客様は毎日出てきてくれるわけではなく、来るとき、来る曜日や時間帯が限られてしまっています。

したがって、お客様が必ず来る曜日や、12月の忘年会シーズンとか3月、４月の歓送迎会シーズンといったようなときに、いかに売上を多く上げるかがポイントになってくるわけです。

例えば、１年間に金・土曜日が１００日あって、各日20人ずつ違ったとすれば、満席になって１回転で計算したとき、２０００人の違いが生じます。

仮に１人３０００円とすれば、２０００人×３０００円の売上が、キッチンをなくすことで増やせるわけですから、きわめて大きな効果を生じることになります。

忘年会シーズンを
いかに稼ぐか

3　キッチンレスでコックレスになった

①キッチンレスに伴う人件費減のメカニズム

キッチンをなくせば、客席数は増え、調理人（コック）はいらなくなるというメリットがあります。

ＦＬのうち、飲食店の支出の大きな部分を占め始めている人件費ですが、その中で最も大きな部分を占める調理人を始めとするキッチンスタッフの人件費です。これがいらないとすればどういうことが起こるかを考えてみましょう。

先ほど少し説明しましたが、ＦＬ60％に比べてＦＬ40％、そのうちＬ・レイバー（人件費）コストが20％だったとするならば、30％の人件費と20％の人件費、比べるともうそこで10％違うわけです。売上が１００万円であれば10万円、１０００万円であれば１００万円違ってきます。これは大きいです。何しろそれは、即純利益ですから……。

キッチンをなくすことで、座席数が増すことにより20％売上が伸び、キッチンスタッフの人件費が減ることにより10%のコストダウンができれば、トータルで30%プラスになるわけです。

キッチンというものに捉われたりしなければ、驚くべきメリットがあることがおわかりいただけるでしょうか。

さらにもう1つ、人件費を抑えるために非常に有用な方法があります。それは、専門の調理人を置かないというやり方です。

②料理人削除＝手の込んだ料理を外す

飲食店は、ランチもやれば、夜もやるのが普通です。その場合、例えばランチ専門の調理人・サービススタッフ、夜は夜の専門の調理人・サービススタッフと分けられるような事業規模や大繁盛店はともかくとして、通常、調理人は、個人経営のお店も同じですが、下手をすれば、朝は魚河岸に行って午前中にランチの仕込みをして、午後はランチが終わった後に片付けをして、その後に夕方の仕込みをするといった作業をしているわけです。

そのため、調理人の1日の労働時間は、10時間、11時間、12時間が当たり前といった状況になります。そういうことも手伝って、給料が高いにもかかわらず、離職率も高く、扱いの難しい存在として認識されています。

そこで、筆者は、ちゃんとした調理人は、置かないことにしているのです。ちゃんとしたというと奇異に聞こえるかもしれませんが、何から何まで自分でできる調理人ということで、仕込みは調理人でなくてもいいという考え方をしています。端的にいえば、一流の調理人でなければ仕込めないような料理はやめてしまったのです。

これは、前述したサービスを限定することで従業員やフロアのスタッフを減らすというのと同じ考え方で、一流の調理人でなければ提供できないような料理は出さないと割り切ってしまえば、資格のいる料理人を置く必要があるのだろうかと考えれば、ないのです。

③仕込みの一部をアウトソーシング

ところで、キッチンの人件費を削減する方法、中でも最も給料の高い料理人をなくするやり方が実はあるのです。結論的にいえば、アウトソーシングするとか、調理人なしでまわるようなメニューに振り替えるということですが、客単価６０００円の筆者の店も料理人なしでまわっています。端的にいえば、仕込みや調理・管理まで、料理人がやっているほとんどの仕事は、パートで十分に代替がきくのです。

スーパーマーケットの惣菜や食材の売場を思い起こしてください。あそこに並んでいるものは、パートの方は全部つくれるのです。刺身でも、コロッケでも、カキフライでもそうです。盛付けも写真を見てやれば、できてしまいます。下手をすると、その辺の洋食屋より見た目もきれいで美味しかったりします。たまたまそのパートが　洋食屋の料理人をしていないだけの話です。

料理人は、店は17時のオープンにもかかわらず、早朝に仕入に行って、お昼頃から大量の仕込みをします。大変な作業です。それだけに給料も高いわけです。

そこで、筆者は、この作業をアウトソーシングできないかと考えたのです。とくに最も問題なのは、刺身ですから、刺身がそれでクリアできるのかを調べてみたのです。刺身であれば、最初からサクにし納品してもらえないものかどうか、できるとすればどれくらい価格がアップするのかを仕入先の魚屋に打診してみたのです。答えは、もちろんできるし、価格アップ分は５％程度ということでした。

ということは、、月商１０００万円の和食屋で魚の仕入が２００万円だとすれば、その５％は10万円です。料理人の給料は、下手すると70～80万円、安くても40～50万円です。料理人がやっていた仕事を魚屋にお願いすれば、10万円で済んでしまう勘定です。その分、お客様に安く提供することもできるわけです。他の食材も、おしなべて同じようなことがいえます。

コロッケを例に取れば、肉屋にいえば、肉を何割、どこの肉を使って、じゃがいも何割、どこのじゃがいも使って…とリクエストできるのです。それを、キャベツ仕入れて、じゃがいも仕入れて、パン粉仕入れて、肉を仕入れて、さらにキャベツを千切りにする、じゃがいもを茹でてすり潰す、肉は脂を削いで生肉のところだけ叩いてボールに入れて手でこねる……こんなことをやっていたら大変です。

つまり、専門職でなければできないところをアウトソーシングしてしまうということです。

④味の維持は仕入先次第

ところで、ここで重要になるのが、味です。お客様がどこまでの味を求めているのかということに帰結します。その場合、誤解がないように捉えてほしいのですが、例えばコロッケを取り上げてみましょう。

北海道産のすごくよいじゃがいもを使っています、有機農法で育てました、中に入っている肉はブランド牛です、自然の中で育ちました、衣も天然の遺伝子組み換えのものではありません、いい小麦のパン粉を使っていますという場合、そのコロッケは1個いくらで売れるのかということです。1000円であれば割に合うかもしれません。が、これは、当店はコロッケ専門店です、うちのコロッケはこれだけこだわっています、これを食べずに帰らせませんよというくらいの思い切りや執着がないとできないです。しかし、仕入のムダも避けられません。

しかし、業者が持ってくる出来合いのカチカチの冷凍のもの、いわゆる工場でつくっているコロッケは、280円で売るといってもお客様は承知しないでしょう。

したがって、セミオーダーすればいいのです。そこそこ美味しい立派な牛肉の粒々が入っているコロッケを480円で提供しますとやればいいのです。店では、揚げるだけで、手間はかかりません。揚げるのも、フライヤー（揚げ器）を使いますから、専門の調理人は必要ないのです。パートで十分です。

⑤味はお客様の中心層にマッチしたものにする

仕込みについても、出汁をとるとき、何が何割、何分間入れたら火を止めましょう、そうしたら鰹節とりましょうとマニュアルさえできていれば誰でもできます。それを料理人は、何とか昆布とか、何とか鰹の引き出し方だと蘊蓄を傾けますが、それがごく普通の人の舌にどう受け止められるのかということです。

普段、われわれは、コーラやオレンジジュースといった、濃い味の飲物に晒されています。あの中には色々な成分が入っています。どこそこのハンバーガーには、大量の旨味調味料が入っているとも聞いています。いってみれば、常に舌がしびれている状態です。もう本来の味などわからないといっても過言ではないかもしれません。

現に、当店も、高級料理店を何年間も経営してきましたが、本当にいい鰹で本当にいい料理人がとった鰹のつゆを出したときに、お客様に「薄い」と怒られたことがありました。

つまり、世の中の一部のグルメといわれる人を除いたほとんどの人たちは、そこまでのものは求めていないということです。

この点においても、普通の外食店は、専門の料理人を抱えておく必然性がないことになります。これは、自分で経営していて、自分が店のトップに立って料理長をやっているという場合にも使えるわけです。仕込みの部分はチェックだけして、後はすべてパートの女性にやってもらうのです。そうすると自分は安心してゆっくりできます。少なくともこの暇な時代、心だけじゃなくて体もヘトヘトというよりは、多少ゆっくり眠れる、あるいは昼間家族といられるとか、のんびりしても罰は当たりません。自分か奥さんか娘か、3人のうち1人が出てもいいわけです。そうすると交代で休みがとれます。心の余裕もできてくるというものです。

⑥お客様が本当に求めている料理は

いまの普通のお客様が本当に求めている料理とは、どんなものかおわかりですか。一言でいえば、舌に響く味、つまり、口に入れた瞬間に味がしっかりあって、脳にピンと響くような料理です。もっとわかりやすくいえば、業界では「どぶ漬け」と表現しますが、お醤油やタレにどっぷり浸して食べる料理です。

失礼な表現になりますが、刺身であれば、醤油に裏も表もどっぷり漬けて、わさびをいっぱい載せて食べる、あれです。もう、刺身の味などわからないでしょう。醤油の味なのです。

それを斟酌すれば、われわれが自己満足でつくっている料理、理想と考える料理とは少し違うわけですから、これを勘案した仕込みに注力しなければならないことになります。

つまり、前述したような仕込みは、お客様に対するホスピタリティ（もてなし）に欠けるのではないかと懸念してきたのですが、実はそれでホスピタリティを上げることにつながっているといった解釈も成り立つということです。

⑦自店の客層を見極めた内容に

お客様にとって本当にいいものは何なのかということが、現場にどっぷりつかっていると見えなくなってしまうことが往々にしてあります。

料理人が「これがいいんですよ、社長」と提案してきます。あるいは、自分が料理人の場合、筆者も調理師免許をもってずっと現場に立っていたからよくわかるのですが、もっといい物、もっと美味しい物、もっと健康な物と追い求めるわけです。しかし、お客様が本当に求めているものはそこじゃなかったりするんです。

すごく安い居酒屋で、みんな美味しそうにゴハン食べていたりします。それでいい時代、年齢層もあるのです。したがって、自分のところのお客様は、どこまで求めているんだろうともう1回足元を見詰め直してみる必要性があるわけです。

本当にこの美味しい刺身を求めて食べにきている人は、お客様の中の1割か2割かもしれません。

そのお客様が来なくなれば、会社経営はその分厳しくなります。しかし、前述したようにFLのコントロールがきちんとできれば、厳しくなくなるのです。そう考えると、いま来てくれているお客様の中心層をガッチリ囲い込みができます。そのお客様だけで食べていけるのです。

回りくどい説明になりましたが、筆者は、実のところなかなかコックレスに踏み切れませんでした。したがって、「料理人がいないとまわるはずがない」との皆さんの思惑も十分に理解ができるのです。が、やってみました、料理人なしで、年末年始も、お店はまわりました。

ぜひともコックレスをやってみてください。

⑧キッチンレスに伴うコックレスで賄いが消失

キッチンレスに伴うコックレスによりもう1つメリットが発生しました。それは、賄いの制度が消失したことです。

賄いの制度をご存知でない方もあるかもしれませんが、昼から夜中まで働いている従業員に晩ご飯を店側の負担で食べさせるという制度です。

ところで、この賄いというのは、実は、原材料に乗っかってなかなか高いのです。昨日の残りものだとして、高級なマグロのトロを食べていたり、高級な牛肉を食べていたりするのです。それを指摘すると、「どうせロスするなら、賄いで出したほうがアルバイトのモチベーションが上がるから」

などといった答えが返ってきます。

確かにモチベーションは上がるかもしれませんが、きちんと給料も払っている従業員に、高級マグロや牛肉を食べさせていたのでは、食材コストが下がるはずがありません。

しかし、料理人がいなければ、賄いはやりませんとやめることもできます。筆者の店では、そのために不満を言う者もなければ、ましてやめる者もいません。学生アルバイトなどは、パンをかじりながら頑張ってくれています。

キッチンレスでコックレス
→賄いもなしに

4　仕事の効率化でスタッフ・店長が削減できた

①増大一方だったスタッフ

　ＦＬを40％にするための方法論として、これまでキッチンをなくすという手法を説明してきましたが、次に店長やフロアの人員削減の方法を紹介しましょう。

　フロアは、お客様を接客・サービスする部分です。

　われわれは、１９８０年代から今日に至るまで、お客様に喜んで再来店してもらうための顧客満足は、接客・サービスにあると思ってやってきました。

　お客様に対する愛・ホスピタリティが大切です、この店は「お客様のためを考えて運営しています。お客様が喜んでくれることが私どもすべての喜びです」という考え方でやってきたのです。

　それは、入店の際の「いらっしゃいませ」から始まって、「ありがとうございました」でお客様に退店していただくまでの間の、とにかく丁寧な言葉遣い、過剰な接客・サービスに凝縮されています。

そして、ホスピタリティを考えれば、お客様20人に対して1人の接客員ではなく、やはりお客様10人に対して1人の接客員が本当に必要なのではないかといった考え方に則って、接客員数を増やしてきたところがなきにしもあらずです。

しかし、お皿をガチャンと置いて去って行くウエーター、茶髪でピアス、派手な化粧で香水の臭いをプンプンさせているウエートレスが接客をして、果してお客様が喜ぶものでしょうか。

これは、お客様10人に接客員1人はいなければいけないと思い込み、そういう従業員を雇ってでも人数を充足してきた結果だといえます。

②嫌われるマニュアルどおりのロボット的接客

その上でやったのは、接客員ロボットの増産です。サービスマニュアルをつくり、「いらっしゃいませ。本日は○○にお越しくださいまして、誠にありがとうございます。担当の○○でございます。何かございましたらそちらの呼び鈴でお呼びください」……これをロボットのように言わせることで、接客のレベルを上げようとしてきたわけです。

その結果は、どうでしょう。いまや客単価１０００円・２０００円のお店でも皆同じ接客をします。１万円のお店に行っても同じです。一切差別化がなくなってしまったのです。

しかし、お客様は、心のこもっていない丁寧な言葉をどう感じるのでしょうか。自分たちのことを見もしないで、「いらっしゃいませ。本日は○○にお越しいただきまして、ありがとうございます」と言葉はきれいかもしれませんが、ロボットのように接客されて、楽しいでしょうか。楽しいはずがありません。

多少言葉遣いが悪くても、満面の笑みで「いらっしゃいませ」と言ってくれたほうがよほどいいはずです。お客様のニーズは複雑で多様化しており、丁寧な言葉遣いをするだけのロボットには、この30年で飽きてしまったと考えなければならないでしょう。

③少数精鋭で心地よい接客を目指す

いずれにしても、これまでの外食産業は、こうしてフロアをまわしてきました。お客様の人数、客席数に対して、○人いなければいけないと思い込んでいたからです。

ところが、ある一定のサービスをやめて効率化することにより、思い込んでいた必要人数に至らなくてもお店がまわるようになるのです。

接客・サービスについては、ただ単にやめてしまうと、いままでやっていたことをやらなくなるわけですから、当然サービスは劣化します。

しかし、いままで歩いて行っていたサービスを小走りでやったらどうでしょう。

超高級店で従業員が小走りでサービスしている光景はほめられたものではありませんが、ガラガラの店内で暇を持て余した従業員同士がムダ話をしているのに比較すればまだましでしょう。それを容認するのであれば、少々人件費が高くても、優秀な人間を１人雇って、１・５人分、あるいは２人分の仕事を小走りでやってもらうほうが、お客様も心地よいのではないでしょうか。

④優秀なパートを有利な時給で確保する

また、スタッフについては、人数合わせのために、お客様に不快を与えるような言葉遣いしかできない、あるいは不快を与えるようなファッションの人間でもやむを得ず使ってきたのをやめて、例えば１人時給１０００円、２人で２０００円なら、１人の人間に１３００円あるいは１５００円出して、２人分の仕事をしてもらえる人材を採用すればよいのです。

１０００円ではそれなりの人しか集められなくても、１５００円であればそこそこの人材が集まる可能性は高いはずです。

これを実行すれば、時給５００円分のコストダウンになります。こういった形で、従業員の数を減らし、効率化を図ることもできるわけです。

これまでのように毎日満席になる時代、バブルの頃みたいにとにかくお客様が増える時代には、接客員の人数が必要だったかもしれませんが、いまの平日のお客様の入りを考えてください。

お店の半分も席が埋まらないかもしれないのに、満席になったときのことを想定して従業員を配置するのは愚の骨頂です。

それを回避するためには、平日のアルバイトを減らし、お客様の入る週末にはアルバイトを増やそうとします。

が、なかなか集まりません。

どこのお店も週末アルバイトを求めますから当然です。そうすると結局、金・土・日曜日は人件費が少し高くなってはね返ってくるわけです。

そこで、平日・週末を通して働いてもらえるから優秀なアルバイトを平日の必要人数分雇用します。ただし、時給は、他の店の1・5倍に設定します。

そうすれば、週末の忙しさもクリアしてくれますし、簡単にやめるなどとはいわないはずです。これで大きく人件費を削ることができます。

筆者も直接経営している店を同じ手法で運営していますが、そこそこクオリティが高くてよいスタッフが揃っています。もちろん、人数は絞っています。どちらがよいかは、明らかです。

⑤時給が高くてもペイする仕組みづくり

できない人間が一杯いて、立ったままおしゃべりしている姿を見ながら料理を食べるのと、優秀な人間が「お待たせしてすみませんでした」と笑顔で応対するのとでは、どっちがお客様は満足するかと考えると、少数精鋭がベターです。

要は、どこに人件費やコストをかけるかという考え方さえしっかりしていれば、それだけで一件落着です。

働いている側からすれば、時給や給料はいままでの1・5倍とか2倍にグンと上がるわけです。そうするとやめません。やめなければ、アルバイト募集のコストもかからないわけです。アルバイト情報誌にアルバイト募集のコストをかけると、結構な金額になりますが、それを避けることもできます。いいことづくめです。

ＦＬを40％にすることとは、イコール個々の給料を減らすということではないのです。どの人間に、どういった仕事を、どのようにさせるかを考えることがポイントとなります。ただし、これには1、2の手法がいります。

それについては、別のコーナーで説明しますが、ここでは人件費を下げることとの基本的な考え方とメリットを記しました。

⑥店長の削減

店長についても、同じ方法論が適用できます。

店長は、1軒に1人いなければいけないと思ってきたわけですが、そうではありません。

1人の店長に30万円払うとすれば3人なら90万円になりますが、優秀な1人の店長に50万円払って3軒管理させたらどうでしょうか。

1人あたりのコストはグンと高くなりますが、全体の人件費コストは40万円も安くなってしまう勘定です。

少し大きな飲食店は、店長・副店長・リーダー、チーフ、マネジャーたちがいて、さらにその下に何人かのサービススタッフがいるという人員構成になっています。

この場合、店の管理をする人、従業員の管理をする人、売上の管理をする人、あるいは現場を管理する人と分業化していますが、実際、すべての人が必要なのか、よく考えてみてください。

まず、店長の仕事というのは、何でしょうか。

日々の売上を集計する、お客様の顔や名前を覚えることなどを始め、複雑な作業をこなさなければならないと思っていたのですが、こんな景気の悪い時代ですから、2、3軒程度の規模であればオーナーが1人で十分やれます。

また、2、3軒に1人の店長がいれば、集計と集金はこなせます。

時間的に重なって具合が悪いというのであれば、閉店時間をそれぞれ1時間ずつずらしたらどうでしょう。

A店は22時に閉店、B店は23時に閉店、C店は24時に閉店にすれば、A店、B店、C店と順に回っていけばよいのです。

これなら、１人の人間が３店や４店をカバーすることは十分に可能です。締めは、これでできるわけです。

⑦6店を2人の店長でカバー

現に、筆者のところでは、６軒の店を２人の店長でカバーしています。

まず、１人の店長が、オープン前にチェックして回ります。不備はないか、汚れているところはないかといった点を重点的に見るわけですが、それだけに専念してポイントだけチェックするのであれば、１軒あたり10分間か15分間でできます。

もう１人の店長は、キッチンのないエリアの３軒の店について集客・送客を全部やります。その他の時間帯は、基幹店に詰めて作業したり、その日宴会が詰まっている店に応援に回るといった形を取ります。

そして、店長のいない店には、優秀なパートを副店長代わりにおいて、店長の代行をさせるということでやっていますが、これで十分にまわっています。

5　昼間に仕込んでコスト削減

①仕込みはスーパーの惣菜売場を想起

いまの大型スーパーマーケットの惣菜売場を思い浮かべてみてください。ないものはありません。お刺身、新鮮なサンマの刺身も並んでいます。生しらす、アジのたたき、鯛の姿造り、鮑のお刺身もあります。

あれは、すべて一流の料理人が裏で仕込んでいると思いますか。スーパーのガラス張りのキッチンを見ればわかりますが、主婦のパートの方が圧倒的に多いです。

逆にいえば、若干の経験さえあれば、主婦のパートの方で十分つくれるということです。

つまり、非常に優秀な料理人がいなくても、スーパーマーケットの惣菜売場に並んでいる商品ならば、主婦パートの手で明日からでもつくることができる、仕込みができるわけです。

思い返してください。スーパーマーケットには、カキフライ・鮎の天婦羅・旬の野菜の天婦羅、

海老フライ・お刺身…お刺身も何十種類とあります。

さらに、ポテトサラダ、野菜サラダ、バジルサラダ、トマトサラダ、何でもあります。あれは、すべてパートの方が仕込んでいるのです。

あれだけの品目があれば、明日からでも居酒屋が開店できると思いませんか。あなたの近所の居酒屋、あるいはあなたの経営する居酒屋のメニューは、あれよりも少なくはないですか。

加えて、そのクオリティの高さに驚かされます。冷めたカキフライでも、冷めた海老フライでも、味が保てています。

昼に買って、夕食時に出てきた段階でも十分美味しいのです。揚げたてだったらどれだけ美味しいかということです。

したがって、パートの方に仕込んでもらった、例えば揚げるだけの状態になっている食材を冷蔵庫の中に保管しておき、注文があれば、それをフライヤーに放り込めば、フライ料理は上がりです。特別の料理人は、必要ないのです。

いまは、どこの居酒屋にも、どこの料理店にもフライヤーという便利な機械が入っています。

誰が食材を入れても、何分間か経てばちゃんとしたフライが揚がるようにできています。

そのフライヤー自体は、安いものです。中古キッチンセンターに行けば、いくらでも並んでおり、数万円で手に入ります。

パートの方が仕込んだ料理でも、揚げたてであれば相当美味しいでしょう。

となれば、何も超一流の料理人がいなくても、居酒屋はまわしていけると考えられます。それで人を減らし、人件費を減らすことができれば、こんないいことないと思いませんか。

②パートも喜ぶ昼間の仕込み

仕込み作業は、パートの方も喜ぶのです。

どういうことかというと、これなら小さいお子さんがいて、午前中~午後2時ぐらいまでしか働けない若いお母様でも可能だからです。

ランチの仕込みを10時ぐらいから始めてもらって、11時30分からは揚げる、焼くのスタートです。複雑な調理作業はいりませんから、誰でもできるわけです。

この時間帯、この作業内容であれば、パートは選り取り見取りです。すると今度は、時給が下がるわけです。

時給が下がる件は措くとして、時給1000円、時給800円のパート2人を雇ったとしましょう。週6日営業として月に25日、各日4時間勤務とすれば、800円×4時間×25日+1000円×4時間×25日=18万円となります。

ランチで払う人件費が18万円で済むのであれば、70万円、80万円の料理人が必要でしょうか。

夜の繁忙時もまったく同じことです。

今度は、子供が大きくなり、夕方からなら融通がきくという女性が対象となります。

あるいは、深夜まではありませんから、シルバーの方も使えます。

そうすると夜のお店も同じような時給でまわっていくようになるわけです。

筆者は、これを実践していますが、効率的で、人の集まりもいいのです。

③仕込みはパートで処理できる

かつては、1日通しのスタッフを集めようとか、頻繁な募集の手間を減らすために、そこそこできる人を5、6人集めて、その人達に3年も4年も勤めてもらおうというスタンスでやっていました。

それだと大変だったのが、切り替えてからは楽になりました。どんどん入れ替わってもいいからです。

何せ、過去にスーパーマーケットで調理した経験があるとか、家庭でちゃんとお料理つくっているという方だったら明日からでもできるからです。器用な男性でも同じです。

もちろん、仕込みのマニュアルさえきちんとできていればの話ですが、ちょっと要領のよい人であれば、1日、2日で覚えてしまいます。

さらに、メニューも簡略化すれば、いくらでも調理対応ができるようになっていきます。

簡略化は、前述のようにスーパーマーケットの惣菜売場を参考にすれば簡単で、コツさえわかれば、誰にでもできることです。

多少調理技術が低いと思えば、料理をよく見せるために器だけちょっと綺麗にしてみることで補うとかの工夫をすればよいのです。

④夜の仕込みを昼間のパートでカバー

また、、昼間のパートの方に夕方からのお客様のオーダー分の仕込みをしてもらうという手もあります。

例えばエビフライであれば、、営業時間中にたくさんのスタッフを集めて、パン粉までつけて揚げる寸前までの仕込みをしてもらうわけです。それをパーシャルなり冷凍なりしておき、あとは揚げるだけという状態にしておくのです。

それでも完全なる冷凍食品とは違い、海老の大きさ、ポーション、クォリティ、パン粉の種類などを全部選ぶことができますから、お客様には手づくり感が伝わります。

極端な話、仕込みの時間帯を昼間にもっていくためには、ランチなどやめてもいいわけです。

筆者の店では、100席あるのですが、10時から14時の間に来る2名のパートが4時間かけて夜の仕込みを完了させています。

ルーティンワークであり、やることが決まっていますから、何の問題もなくまわってしまうのです。

⑤月・木曜日に集中的に仕込む

ここまでは、毎日仕込みをするということで説明してきましたが、次はさらにそれを効率化して特定の曜日に集中的に仕込みをする方法を紹介してみましょう。

飲食店の繁忙日は、土・日曜日というところが多くあります。

しかし、土・日曜日というのは、子供の学校が休みで、パートの女性はなかなか働きに出られないのです。

そこで、それを踏まえて、仕込みを月曜日や木曜日にしてしまうのです。

そのために月・木曜日には、朝10時から夕方まで出てもらい、３日分、あるいは４日分の仕込みをしてもらうようにします。

そうすると仕込みのパートは週に2日だけですから、「週に2日だとトータルの給料が……」というような声が上がるかもしれませんが、その場合は「いいよ、時給1・5倍出すから」ということで納得してもらうようにします。

これで、他のパートと掛け持ちしたとしても、少なくともこちらのパートはやめることはないわけです。何しろ、時給が1・5倍なのですから……。

これができれば、時間も曜日も集約できますから、一気に人件費が減ります。これは非常に効率的です。

まわらないと思うかもしれないですが、メニュー構成によっては大いにまわるようになってしまうのです。

キッチンでパートが仕込む

6　従業員が減れば気持ちが楽になる

①年末の給料アップ交渉からの解放

飲食店経営者なら誰でも経験することですが、年末の最繁忙期を迎えると必ず「給料を上げてくれませんか。上げてくれなければやめます」という従業員が出てくるのです。

嫌ならやめてくれといえればいいのですが、年末を控えて一番の稼ぎ時に、基軸となる従業員がいなくなれば、店がまわらないと考えるわけです。

あのドキドキ感は、心臓によくありません。

結局、繁忙期、稼ぎ時を乗り切るために給料アップに応じることになるわけですが、１人の給料を上げれば、残りの人間が黙っているわけがありません。

残りの人間は、彼だけ上げてもらって、「何で俺達は上がらないの」「じゃ、俺もやめる」という話になっていきます。

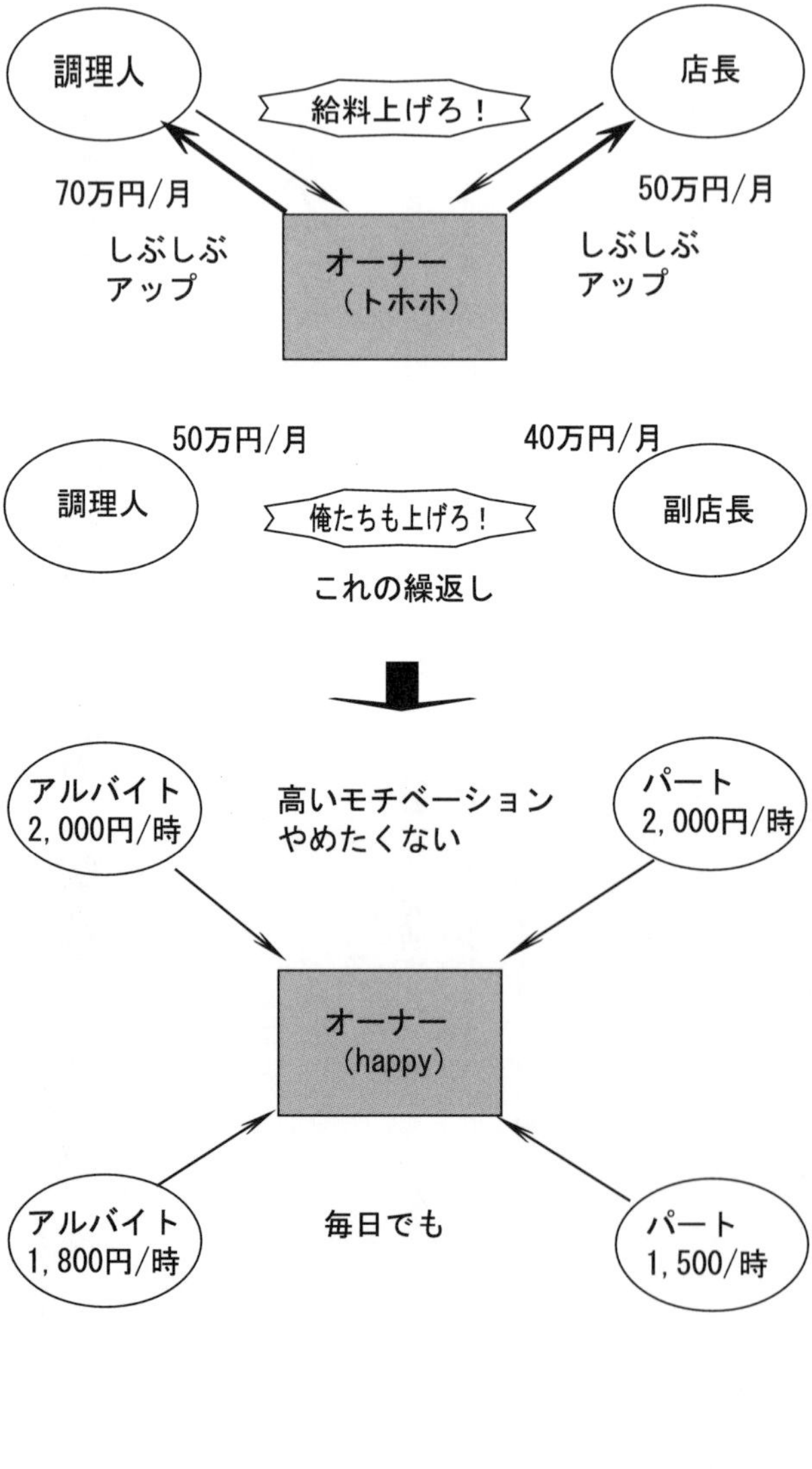
調理人
店長
給料上げろ！
70万円/月
50万円/月
しぶしぶ
アップ
オーナー
（トホホ）
しぶしぶ
アップ
50万円/月
40万円/月
調理人
俺たちも上げろ！
副店長
これの繰返し
アルバイト
2,000円/時
高いモチベーション
やめたくない
パート
2,000円/時
オーナー
（happy）
アルバイト
1,800円/時
毎日でも
パート
1,500/時

気づいたときには、従業員が10人いたとすれば、年末に毎年トータルで10万円給料が上がることになってしまうのです。

１回上げてしまえば、毎年です。給料を上げてもらった従業員は、２か月もすると上げてもらったという意識がなくなります。また、自分の実力で上がったと誤解するようになります。

このスパイラルを何回か続ければ、ある日突然店はまわらなくなってしまいます。

ところが、これまで述べてきたことを実行すれば、基軸になる従業員が不必要な状態をつくることができるわけです。飲食店経営者にとってこの上ないメリットだといえます。

②突然の退職の恐怖からの解放

解放されるのは、給料アップの交渉だけではありません。スペアスタッフの手当の苦労からも解放されるのです。

外食産業を経営していれば、料理人が作業中に指をケガしてしまい、１か月間包丁が握れない、あるいは交通事故にあったというような事態に直面することは、ままあり得ます。

代替の料理人の手当ということになれば、簡単なことではありません。

しかし、料理人を必要としないシステムをつくってまわしていれば、そんな心配からは一切解放され、経営者は安心して寝られるようになります。

仕込み担当のパートのA子さんがケガをして1か月間包丁握れなくなったとしましょう。「そうか困ったなあ、でもこれだったらうちの嫁でもできるな、自分でもできるな」ということでクリアできます。

あるいは、ちょっと気の利いたアルバイトの女の子やフロアの子でも、しょっちゅう傍で見ていますから、代替がききます。それくらいのレシピに集約してあるから当然のことです。

したがって、パートが1人やめるといってきても、「そうか、わかったよ」で済ませることができるのです。

わざわざ従業員募集の広告出さなくても、「週に2日か3日で大丈夫。10時から14時までの4時間労働です。時給１２００円出します」くらいの好条件であれば、店頭に募集の張り紙を出しておくだけでも電話がジャンジャン鳴るでしょう。

「やめてもいいよ。補充はアルバイトでもきくからね」などという台詞をしゃべれるとしたら経営者冥利に尽きると思います。

筆者は、「うちの料理長がやめるっていっている。どうしよう」というドキドキ感を20年以上味わってきました。

これまで総料理長クラスだけでも4人変わっています。長くて6、7年、短い人は1、2年でやめていきます。

どんなに長い縁があっても、やめると言った瞬間にやめていきます。これは飲食業界特有のことかもしれませんが、どうしようもありません。

しかし、前述した施策を実行すれば、そうしたリスクはヘッジできるのです。

実際、筆者は、これをやり始めてから、ぐっすり眠れるようになりました。

外食産業の経営者は、資金繰りが苦しいとか、よい食材が見つからないとか、様々な問題に直面しますが、それよりも何よりも人が頻繁にやめるのは耐え難いものがあります。

ところが、スパイラルが逆になった瞬間から、従業員がやめなくなるのです。

それまでは、給料交渉だ、何だかんだと言っていた人間が、既にそこその給料をもらっていますから、そんなことはおくびにも出さなくなります。

③休まず、従順になった従業員

さらには、従業員が休まなくなりました。

普通、パートの方は、ちょっとしたことで休みます。しかし、筆者の店のパートは、休みません。

それは、より給料がよいからです。

また、社長が注意しても、いままでみたいにふて腐れたりしなくなりました。

それまでちょっとむずかしい料理人に何か指図しようとすると、「俺のやり方があるんだ」くらいの反発を受けたりしたのですが、いままでは「いや、こっちのやり方でやってくれないなら……」と言えるようになったのです。

オーナーにとっては、もう、メリットだらけです。こんなにいいことはありません。

筆者の会社の例でいえば、去年までは10人必要なところに10人入れていたのをことしは6人でまわすようにするとします。

その場合、給料をケチらないで、8人分出しています。すると全員給料が20％ぐらい上がることになります。それでも、会社の支出は、20％減ります。

人件費は20％減るわ、食材仕入れの部分では効率化できる、にもかかわらず従業員がやめたらどうしようというドキドキ感を味わわなくても済むということであれば、こんなにいいことはないのです。

キッチンをなくすというフックを1つグルっとまわすだけで、こんなにいいことが生まれるんです。

逆にいえば、それをやらない限り、このリスクをずっと背負い続けなければならないことになるのです。

④オーナー、社長の自由時間の確保が実現

このやり方は、オーナーシェフのお店でも応用ができ、自分が休めるようになります。

仕込みのやり方やメニュー等を転換すれば、いままで仕込みから片付けまで全部自分でやっていたのが、「俺ちょっと来週３日間休みたい」といったとき、手伝いで入っているパートの方に「これをこうやって……」ということで任せられます。

そうすると自分が休めるようになるのです。

いままで、飲食業に従事している限り、土曜日を休むなどということは絶対あり得ませんでした。ところが、この方法論を持ち込むとでそれが可能になるのです。

もっとも、１軒だけでやっている場合は、キッチンをなくすことはできません。それは、２軒以上経営したときに発生する大きなメリットと考えていただきたいと思います。

ただし、１軒目だけでもキッチンを極端に小さくはできます。

新規店舗を出すときに、20～30％とっていたキッチンを10％で済むようにするわけです。

要は、調理をしながら仕込む、仕込みながら調理をする、お客様のオーダーが入ってから調理をするといった作業が減るわけです。

複数店で展開している場合は、スーパーサブのような人間を1人育てておくと安心です。

３年も、４年も勤めてくれているパートの方をピックアップして、他の店のことも覚えさせるのです。やっていることは、どの店も大体一緒ですから、すぐに覚えてくれます。

すると、B店の誰かが休んでも、C店の誰かが休んでも、そのスーパーサブの人が行けばまわってしまうんです。

いままでこういう仕事は、高額の給料を取る店長がやっていましたが、極端にいえばパートやアルバイトでもできるのです。
そういう教育方法論が、これからの時代には求められてるのではないかと考えています。

オーナーも休みが取れ、家族サービスが可能に

第2章

前年対比売上70％の地獄と前年対比利益130％の天国

1　売上対前年比70％の深刻さ

①売上は4年前の3分の1に

筆者も外食店を経営していて痛感していることですが、サブプライム以降、前年の売上をキープするなどということは夢のまた夢です。

この3、4年間の売上は、前年の70％、また前年の70％、また前年の70％といった推移を辿っています。

例えば、3年前の月商が1000万円であれば、翌年はその70％の700万円になってしまいました。そして次の年はその70％の490万円という落込みです。2年前の半分しか売上が上がらないわけです。

加えて、2011・3・11の東日本大震災があってから、さらに前年対比70％に落ちています。どういうことかといえば、350万円に満たない、4年前の3分の1になっているわけです。

筆者の店も例外ではなく、営業努力して一生懸命やっていても、５軒が５軒ともこういうレベルで下がっているのです。

その５軒もいろんな業態や業種をやっていますが、どの業態・業種も同じように３年間30％ずつ下がって、何と４年前の売上の３分の１しかありません。年商３億円あった会社が、１億円にまで落ち込んでしまっているのです。

これぐらい厳しい状況なのです。

②ＦＬコスト増大と集客問題

ここまでくれば、ＦＬコストなど放っておけば死ぬほど上がってしまいます。

なぜなら、固定費は変わらないからです。多少は食材仕入の量は減るでしょうが、なかなか減らないのです。

一番の問題は、集客です。

景気のよい時代、バブルの時代は、お店をオープンして花輪を出しておけば、「おっ、あそこに新しいお店ができたよ」「食べに行ってみようか」「飲みに行ってみようか」ということでお客様が来ました。首都圏など人口の多いエリアでは、放っておいてもお客様が行列をつくりました。

したがって、セールスプロモーション・広告宣伝の上手なお店だったりすれば、テレビに取材してもらうとか、そういったことで、あっという間に事業投資が回収できたわけです。その後の景気後退期には、送客エンジン、すなわちホットペッパーやインターネット広告などに何十万円というお金を注ぎ込んで、お客様を呼び込んでいた時代もありました。

少なくとも、サブプライム前まではそうでした。ところがいまは、そんなことをいくらやってもお客様は来ません。多少は来ても、その広告宣伝費に見合うだけの利益は上がらないのが実情です。

かつて、飲食業の広告宣伝費は、平均すれば売上対比2〜3％といわれていましたが、送客エンジンが登場してからは10％を超えるようになりました。

毎月、送客エンジンに支出する広告宣伝費が30万円とすれば、３００万円の売上があって初めて10％ですが、なかなかそんなに売り上げられません。

何しろ、東日本大震災以降は、３、４年前の50％の売上しかないわけです。売上の改善傾向すらみられないご時世に売上を伸ばす、つまり集客を多くするなどということは可能なのかと考えなければならないわけです。

③割引がコスト圧迫

平日に自分の食店の周りを見渡してください。満席のお店があるでしょうか。飲食店に入りそ

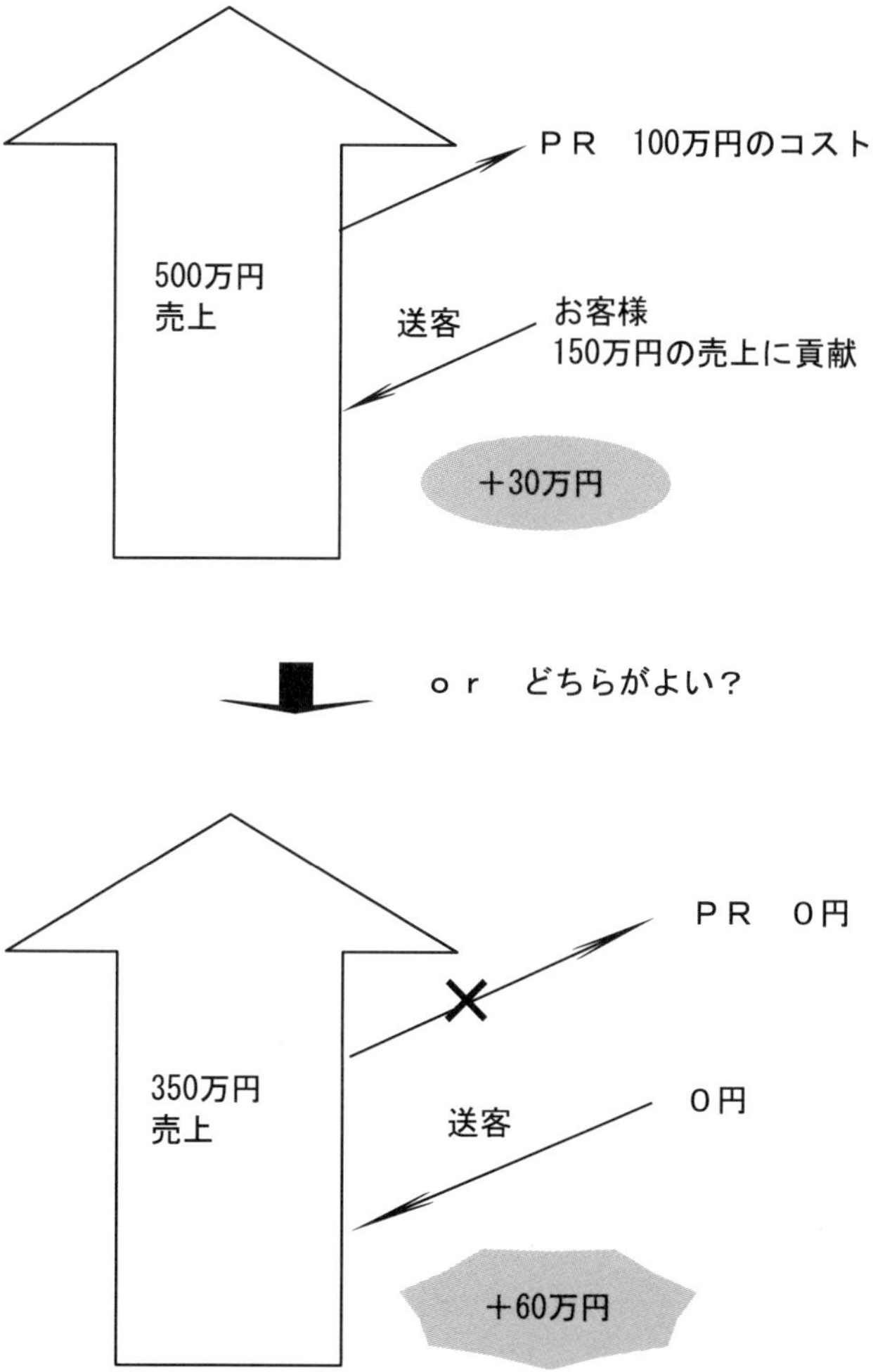
500万円
売上
ＰＲ　100万円のコスト
送客
お客様
150万円の売上に貢献
＋30万円
ｏｒ　どちらがよい？
350万円
売上
ＰＲ　０円
送客
０円
＋60万円

うなお客様が一杯歩いているでしょうか。お酒に酔ったサラリーマンの方たちが歩いているでしょうか。いや、そんな光景はまったく見られないでしょう。

どの街も死んだように静かです。ガランとしています。まして、潰れる店がどんどん増えています。飲食店街も1つ、2つと灯りが消えています。

となると、お客様の集まりがさらに悪くなります。

確かに、非常に格安で商売をしたり、新しい店は多少の集客力はあります。しかし、考えてみてください。格安で居酒屋を出店しました。投資コストはあまり変わりません。

居酒屋をつくるイニシャルコストや出店コストは、従来とあまり変わらないわけです。

それなのに客単価が安いということは、うんとたくさんお客様を呼ばなければいけないということです。

そこで、お客様を呼ぶためにどうするかといえば、値段を下げよう、あるいは割引をしようとするわけです。一番安易な対応策です。

最近の飲食店情報誌を見ていただくとわかりますが、どのお店も、10%OFF、20%OFF、30%OFF、ビール1杯付、お料理1品付などという割引が必ずセットになっています。

割引券を付けているということは、お客様が来た段階から支出につながります。お客様が来れば来るほど支出が増えます。

それでもお客様が来ればいいですが、下手をすると、来たお客様が、その割引券で1杯だけ飲んで帰ってしまうなどということも平気であるような時代です。

しかし、そういう高い広告宣伝費を払わなければお客様が来ないという非常に難しいジレンマの中に立たされているわけです。

④広告宣伝をやめることを検討

それならいっそのこと、広告宣伝をやめてしまえばいいのです。広告してもそれに見合ったお客様は来ないわけですから……。

ところが、やめたらゼロになるのではないかと怖くてしょうがないからやり続けるというのがいまの飲食業界の状況です。

これで本当にいいのでしょうか。いいわけがありません。もう売上を伸ばすのは諦めようと考えを転換するのです。

そう思い切れば、広告宣伝しなくてもいいわけです。自然に来てくれるお客様だけを相手にしようということです。

あるいは新規オープンであれば、新規オープンだけをキーワードにお客様を呼び込もうということです。

もちろん、広告宣伝をやめるのは、大変なことです。

売上は下がり、コストは変わらないわけですから……。

だからこそ、前述の対応策が必要になってくるのです。人件費を減らす等々ができて初めて、それが可能になるのです。

⑤売上重視から利益重視に転換を図る

繰り返しますが、売上が前年対比70％などというのは地獄です。経営者にとって、こんな恐ろしいことはありません。

それでも、利益が前年対比１３０％だったらどうでしょうか。

前年の売上が５００万円で上がった利益が50万円であったのに対し、ことしの売上は３５０万円でも上がった利益が60万円だったらどちらがいいでしょうか。

もちろん、売上が１０００万円に戻って利益が１００万円に戻ることがベストですが、そんなことが期待できる時代ではありません。

となると、そこを狙うんではなくて、売上が３５０万円になったらそれを受け入れ、利益だけは前年より多く出す努力をしましょうというスタンスをとるわけです。

この場合、通常の飲食店の経営者やオーナーは、１つの方法として、食材のポーションといいますが、ボリュームを減らすというやり方をとりがちです。

前年まで唐揚は500円で6個だったのを、ことしからは500円で5個にするということです。しかし、前年までは1000円でお刺身が10貫付いていたのに、ことしからは9貫にすれば、これは、「何か減ったなあ」とお客様は必ず気づきます。

2番目にやることは、質を下げるという手法です。

前年までの唐揚は地鶏を使っていたのが、ことしからはブロイラーに変えるということです。味は落ちます。前年までは歯ごたえもあって臭みも少なかったのが、何となく歯ごたえがなく臭みのある鶏になってしまいます。

その結果、当然のことながら、お客様の評価が落ちます。顧客満足度が下がります。

したがって、コストを下げるといっても、一概に原材料をいじることはできない相談ということになります。

それでは、スタッフの数を減らして人件費を削減しようということになったときに、誰を切るかということです。

できる人・できない人、いろいろいます。優秀な料理人、優秀じゃない料理人、社長の言うことを聞く料理人、社長の言うことを聞かない料理人、誰を切るかというときに、誰を切っていいかわからないということになります。

どのスタッフをどういう形で切るかということも1つの要領です。次からは、それを説明していきます。

2　どのスタッフを切るか

人件費をカットするためには、スタッフを切る必要がありますが、そのためにはどのスタッフを切るかを見極めなければなりません。しかし、これは難問です。

一番切りたい人間というのは、社長の言うことを聞かないとか聞くとかではなくて、お店の売上に寄与しない、あんまり役に立ってないにもかかわらずいないと困る、社長（自分）がズルするためにはそのスタッフがいないと困る、一番長く勤めているからお客様が覚えているとか、前述したように賃金交渉をずっと5年も10年も繰り返してきている長く勤めているスタッフです。

当然、給料はうんと高いはずです。

にもかかわらず、大して仕事ができなかったり、長くいるだけだったりします。その上ずうずうしくて言うこと聞かないというスタッフです。

もう、こうなると社長の会社ではなくなっているわけです。

どの従業員を切るかとなれば、優秀であればあるほど、中核にいればいるほど、そうした従業員を切りたいのです。

なぜかといえば、優秀でお店の切り盛りが上手に見えるスタッフは、ある日突然倒れたりやめたりしたら困るスタッフということですが、何年も勤めて給料交渉も何回もして、うんと高い給料もらっているのです。それに社長の言うことも聞かない……。こんな面倒くさい人は、一番いらないわけです。

この理屈はシンプルで、文句が多いスタッフはいらない、給料の高いスタッフもいらないのです。前述したことと矛盾して聞こえるかもしれませんが、こちらが給料を上げてあげたスタッフはいいのです。時給１０００円ではなくて、１３００円払いましょうという形でアップしたスタッフは、給料が高くてもいいのです。

なぜならば、据え換えがきくからです。そうではなくて、月給制で10年も勤めていて80万円も貰っているような料理人とか、コストの高いスタッフを切りたいわけです。給料が高ければ高いほど切り甲斐があるわけです。

が、コストが高いスタッフというのは、必ずお店の中心にいて、当然重要な役割を果たしてきた人です。そうした人や料理長は、なかなか切れないわけです。

なぜなら、その料理長のルールでキッチンがまわっているからです。

そこで、前述したようにキッチンがなかったらどうでしょう。

フロアーでサービスを限定的にすることで店長でなければできなかったような「○○様、いらっしゃいませ」とか、名前を覚えてお客様に接することとやめてしまったらどうでしょうか。そうすると、そういうスタッフはいらなくなります。

何しろ、そんなによいお客様はいまは来てくれないのです。景気は悪いし、どのお客様もお金を持ってないんです。

それなら安売りしてもよいということになりますが、やるにはそれに見合うコスト削減、すなわちそうした給料の高い優秀な人間をカットしてからかかることが不可欠です。

単純に安売りします、従業員のコストは上がっていきます、売上は大して上がりませんでは、お店は潰れてしまいます。

そういった人間の手配をしてから対応しなければいけません。

そこで、そのための次に述べるようなノウハウが必要になってくるのです。

給料の高い
店長などもカット

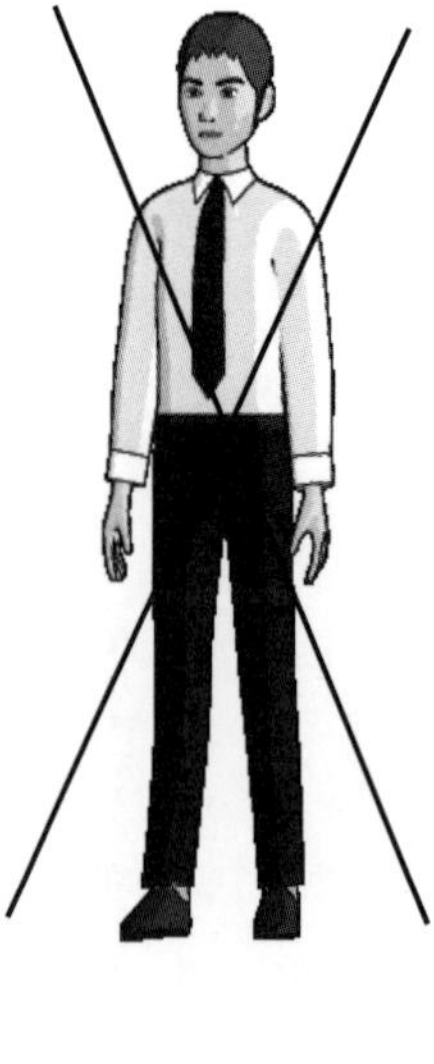

3　キッチンレスのメニューづくり

①料理人しかできない料理はメニューから外す

高給取りを切るための方法の中心になるのが、キッチンレスのメニューづくりです。

筆者の店では、隣り合わせに並んでいる３軒の店をミニキッチン１個でまわしています。キャパシティ２００席で、金・土曜日でもミニキッチン１個でまわってしまうのです。

そのキッチンは、極端にいえば、電子レンジ２台、お湯とお水が出るシンクと水道、、卓上コンロが１台か２台という構成です。特別なものではありません。

これで２００席のお客様に待たせずに出せるのです。

しかも、その３軒は、中華の居酒屋、ワインバー、もう１つがエスニック料理のお店です。それがミニキッチン１つで、しかも料理人が１人か２人でまわってしまうのです。

それを可能にしているのが、前述した仕込みの方法です。

すなわち、このメニューさえつくることができれば、料理人がいらなくなるのです。

従来のやり方に固執していれば、エスニックの店にはエスニックの料理人がおり、中華居酒屋には絶対的に中華の専門料理人が必要だったわけです。

しかし、中華の居酒屋にお客様は何を期待しているのかというときに、フカヒレなんて頼みますか。頼まないです。高級中国料理店でならともかくとして……。

つまり、フカヒレを煮込んでフカヒレを出すなどという、必要性がないのです。フカヒレ入りであれば十分なのです。フカヒレ入り中華そばにすれば、専門料理人しかできない過度の手作業を排除することができるわけです。

②食材仕入や仕込みの方法論を構築

もちろん、これをやるには、一方で食材仕入や仕込みの方法論もきちんと構築しておく必要があります。

乾物等、あるいは出来合いの商品を加工することで提供することができるならば、それでいいという考え方です。

例えば、生春巻きであれば、昼間のうちにパートの方が生春巻きを仕込んでおくわけです。仮に予約の分の20本、普通のオーダー用に10本、ラップにくるんで30本仕込んだとしましょう。その場合、普通のオーダーで10本なくなった時点で売切り御免にしてしまえばいいのです。どのメニューも限定数を設けて、売切り御免にしてしまうのです。

もちろん、売切り御免にしなくてもいい商品もあります。

肉じゃがやおでんなど、大量につくっておけるものは、冷蔵庫に保管しておけばいいからです。

③予約をベースにする

加えて、キッチンレスにする場合のポイントは、基本的には予約をベースにすることです。

そして、予約コースは、非常に安くしてあげることが大切です。

通常、アラカルトでは３５００円ぐらいとすれば、予約の場合は２５００円で提供するのです。

そうすれば、お客様は予約します。

その日行って３５００円出すよりは、予約して２５００円で同じボリュームが食べれるならば当然予約するでしょう。

もちろん、３５００円のものを２５００円で売るのですから、コスト高になります。

しかし、別のところでコストが落とせるのです。

予約であれば、お客様が何人来るかわかっていますから、昼間に前もって仕込めてしまい、コストが吸収できるわけです。

④キッチンレスメニューはスーパーの惣菜コーナーにあり

このことからわかるように、仕込み、そのベースになるメニューがすごく重要になります。

とはいえ、キッチンレスのメニューなどといえば難しく感じますが、そんなことはありません。

前述したようにスーパーマーケットの惣菜コーナーに並んでいるものは、すべてメニューに載せられると考えていいのです。

スーパーは、昼間のうちに仕込んで夕方まで売っています。

それを参考に、食材の衛生管理をきちんとして、仕込みと仕込み日数だけ管理すれば、キッチンレスのメニューなど非常に簡単につくることができるのです。難しいことは1つもないのです。

筆者は、これで和・洋・中すべてクリアしています。

まず、自分のお店のメニューを見直してみることです。

お客様は、本当にオーダー入ってからつくったほうが喜ぶのでしょうか。あるいは、つくり置きしておいてもそんなに味は変わらないのではないかと……。

キッチンレスのメニューをつくる前に、仕込みの方法論を見直してみるのです。

要は、これは仕込みでつくれるというものばかり集めてキッチンレスメニューをつくるということです。

⑤刺身はサクで仕入れる

筆者のところでは、その進化版を進めているわけですが、お刺身は魚屋から届く段階でサクになっています。

キッチンでは、カットするだけになっているのです。カットくらいは、パートの方でもきれいにできます。スーパーでもやっているのです。

いずれにしても、これは、キッチンレスメニューの１つです。

ところで、お刺身を魚屋に捌いて持ってきてもらった場合、コストがうんと上がるのか検討してみました。

例えば、１本１０００円の鮪を４つの身に裂いて持ってきてもらった場合、１１００円とか、１０５０円とかでやってくれるです。で、アラはいらないというと、魚屋は別の料理屋さんにそれを売ったりするわけです。

普通の料理屋は、自分のところで捌いて、例えば鮪のカマ焼きだとかとして出します。

しかし、かなりよい料理屋でもカマ焼きはすごく安かったりします。ブリカマ塩焼きが８００円とかです。安い居酒屋だったら３００円といったところもあります。

それを提供するためには、アラをきれいに洗い、塩をかけて、火に乗せてずっと見ているという作業が必要になるわけです。

こんなに大変な手間のかかるものを300円や400円で提供していたのでは、割に合いません。カマをカマ焼きで出そうとか、鯛の頭をかぶとで出そうというから料理人が必要になるのです。でも、やめてしまえばいりません。ということで筆者のところでは、やっていないわけです。

料理人がいなくても鯛のお刺身はいままでどおり出せます。魚屋がサクを持ってきてくれ、切るだけだからです。実は、食材が届いた段階でもう半分お刺身になっているんです。それをオーダーが入る前からきれいに切ってパーシャルの冷蔵庫に入れておけばいいわけです。

前にフライヤーの話をしましたが、パーシャルの冷蔵庫もそんなに高くありません。中古で買ったっていいのです。価格は、1人の1か月分の人件費もかからないのです。それで1人分の人件費が削減できるならば、決して高くありません。

⑥加工仕入のコストアップ分は吸収可能

それに、魚屋に捌いてもらうことで、鰹のお刺身が1000円から1100円になったところで、そのコストアップ分などしれています。

筆者のところでは、5軒展開していますから、5軒全部で鰹の刺身を提供するとしても、満席になっても10本あれば十分まわります。トータル400席ありますから、10本あれば100人前超に

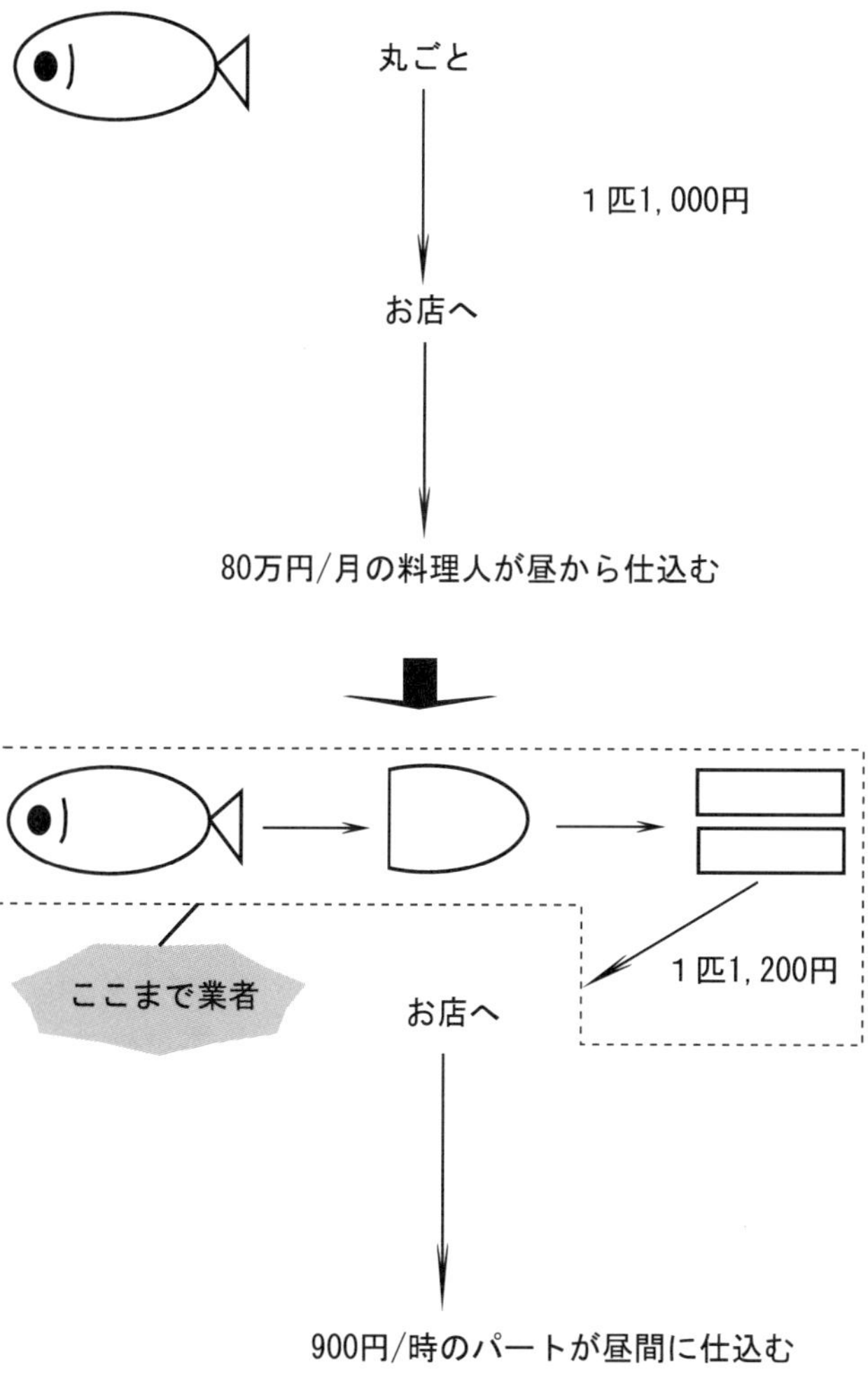
丸ごと
1匹1,000円
お店へ
80万円/月の料理人が昼から仕込む
ここまで業者
1匹1,200円
お店へ
900円/時のパートが昼間に仕込む

なります。

で、１日10本仕入れた場合のコスト高分を計算すれば、１０００円です。１か月間にすれば３００本仕入れますから、３万円高くなる勘定です。

ところで、自分の店で料理人が捌いたとすれば、その人件費は、とてつもない金額になります。月給70万円の料理人が捌いて、切って、食べられる状態にするまで、10本なら3、4人がかりで1、2時間かかるでしょう。

それを冷蔵庫に入れて、お客さんからオーダーが入ったら、つまを盛って、盛りつけて、「はい、お待たせしました」と出すまでに15分はかかります。

これをお金に換算すれば、かなりの額になるはずです。

⑦価格は割安な設定にする

しかし、筆者のところでは、つまも何かも全部機械でつくってありますから、オーダーが入った途端、つまの水を切って、お皿にポンって載せ、カットしてある鰹をパンと載せて提供する……1分かからないわけです。

そんな安直なやり方ではまずくなりはしないかと心配するかもしれませんが、冷蔵庫の性能もよくなっていますし、ラップも非常によくなっています。

ただし、ポイントは、そのお刺身で１人前２０００円取ろうとしないことです。

もともと価格競争で勝負しようとしているわけです。値段を下げて安いところと勝負して、集客を図ろうと努力しているわけです。

鰹のお刺身を、割引券付けて「通常２０００円だけど本日１５００円」で売っているのです。最初から、よい鰹ですが８００円で提供させていただいていますとやればいいんです。

そうすれば、安くて、そこそこ美味しくて、提供速度も速いと評価されることになるのです。

少々本筋を外れますが、お客様が一番怒るのは、待たされることです。キッチンレスのメニューは、お客様を待たせないこととイコールなのです。

基本的には、冷たいものも、温かいものも全部前もって仕込んでありますから、まず待たせることはありません。提供スピードが速いのです。

つまり、品質では多少顧客満足度が下がるかもしれませんが、提供速度で顧客満足度が上がれば、プラスマイナス、さあどっちという話です。

しかも、元々、よい食材であり、それが２０００円だったのが８００円で食べられるようになった場合、お客様は喜ぶのではないでしょうか。

そういう割切りが大切だということです。

実際のところ、２０００円でも３０００円でも出すからよい刺身が食べたいというお客様は、全体の何％いるのでしょうか。そんな狭いところで勝負をするのですか、しないでしょう。

一番のボリュームゾーンのところで勝負すればいいのです。

そう考えれば、キッチンレスのメニューというのは、案外つくりやすいことがわかってきます。皆が食べたい物、すなわち何度も繰り返しますが、スーパーマーケットの惣菜売場に並んでいる物すべてが対象になるということです。

逆にいえば、自分のお店は、差別化するにはスーパーマーケットに並んでない商品を提供できるかということになります。いや、できないでしょう。いまの時代、スーパーに行けば何でも手に入ります。それを持ち帰れば、食べたい物が何でも自宅で食べられます。

⑧お客様の求めを見極める

それでは、お客様は、外食に何を求めているのかということになります。

もちろん、よいものを食べに来てくれているお客様がいるのであれば、それが一番いいのですが、よいものを食べに来るお客様はうんと減ってしまっています。景気が悪いからです。

そこでは勝負できないから、安売りをしました。安売りをしましたが、原価、人件費は変わりません。これでは生きていけないから、キッチンレスにしました。でも、メニューは、家庭とかスーパーマーケットに並んでいる物と大して差がありません。

それでは、何ができるのかといえば、家では飲めない飲み物のバリエーション、食器の上げ下げや、片付けの必要がない……いまの外食で食べる理由は、その程度のメリットしかないのです。

さらには、外食産業がお客様に提供できる物は、時間と空間です。

その時間と空間を提供しなければいけない時代がきているにもかかわらず、ホスピタリティがどう、メニューのクォリティがどうなどといっているからお客様のニーズに合わなくなっていくのです。

そのあたりをよく理解すれば、キッチンレスにしてライトなメニュー構成にする、仕込みのきくメニュー構成にするということは決してニーズから外れることではなく、実は何よりも、お客様の満足度を上げることに繋がるものであると考えます。

飲物のバリエーションも
魅力に

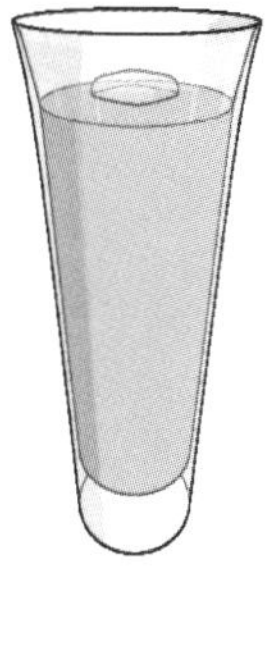

4　ＦＬ20％減で、クレームも10分の１に減

①ＦＬを下げてもクレームは出ない

普通、ＦＬ（フードコストと人件費コスト）を下げるという場合、食材のクォリティを落としたり、人を減らしたりしますから、必然的にクレームが上がるであろうと考えがちです。

しかし、筆者の店での実践においては、クレームが減ったのです。

料理人減、サービスする人間減、また切り置きとかをしていますから、当然、調理のレベルは下がり、食材のクォリティも若干下がります。にもかかわらず、極端にいうとクレームが10分の１ぐらいに減ってしまったのです。

クレーム、すなわちお客様が怒る最大のポイントは、待たされるかどうかです。どんなに美味しいものでも、待たされるとイライラが先立って美味しく感じなくなるのです。

ところで、要領よく待たせる方法もあることはあります。

すでに実践されていることですが、突出しでの時間稼ぎがそれです。お客様が座った、お飲物を聞く、その後にお飲物と一緒に突出しやお通しを出しますが、あれは最初の一品を待たせることをご了承くださいという意味も含めていたりするわけです。

それが出ていれば、お客様も多少料理が遅くても怒らなのです。そのせいかどうか、どんどん突出しの量も種類も増えてしまいました。

お客様にファーストインパクトでよい店だという印象を与えたいものですから、昔は突出しは1品だったのに、いつの間にか2品になり、3品になり、いまや下手をすると8種類も9種類も出てきます。

そんなことをやっていれば、突出しの仕込みだけで1日が終わってしまいかねない状況です。

ほかにもあります。メニューに、「このお料理は大変お時間がかかりますので、申し訳ありませんが30分ほどみてください」と記載するなどというテクニックです。30分と記載してありますが、20分で出すと、お客様は「おっ早かったじゃない」と感心してくれます。

もっとも、そんな小手先のテクニックでは、いつまでも乗ってくれません。

そこで、筆者のところでは、待たせないということだけに重点を置いたのです。サービスクォリティがどうとか、従業員の言葉遣いがどうとか、他のことは考えないのです。

もちろん、最低限のことは必要です。が、前述したようにそこそこの時給を出せば、それなりの人が集まりますから、特別な教育などしなくても出せるのです。

その前提で考えると、後は待たせないだけなのです。

②待たせない工夫

待たせないためには、最初に全部揃えて出すという方法をとります。

例えば、通常、宴会であれば、最初にお通しを出してという手順を踏みますが、そんなことはせず、最初に全部出してしまうのです。

安い旅館のように、テーブルの上にお鍋まで全部セットしてあります。お鍋の〆のうどんまで最初から出してあるのです。

もちろん、お鍋の中には、具を全部入れてあります。具と出汁とを別に出すなどということはしたがって、お客様が入った段階で、お鍋までセットしてしまうのです。

したがって、お客様が揃ってから、タイミングを見計らってあの料理を出そうとか、〆の段階になったらお呼びください、おうどんか雑炊か選べますといったやり方は一切しません。

そんなことをすれば、従業員が1つの席に何十回も往復しなければならないからです。

それが最初の段階に全部セットしてあれば、従業員が行くのはドリンクを運ぶときだけです。

したがって、少ない従業員でもまわるわけです。お料理も、いちいち上げ下げしなくていいように、お皿の構成を工夫すればいいのです。

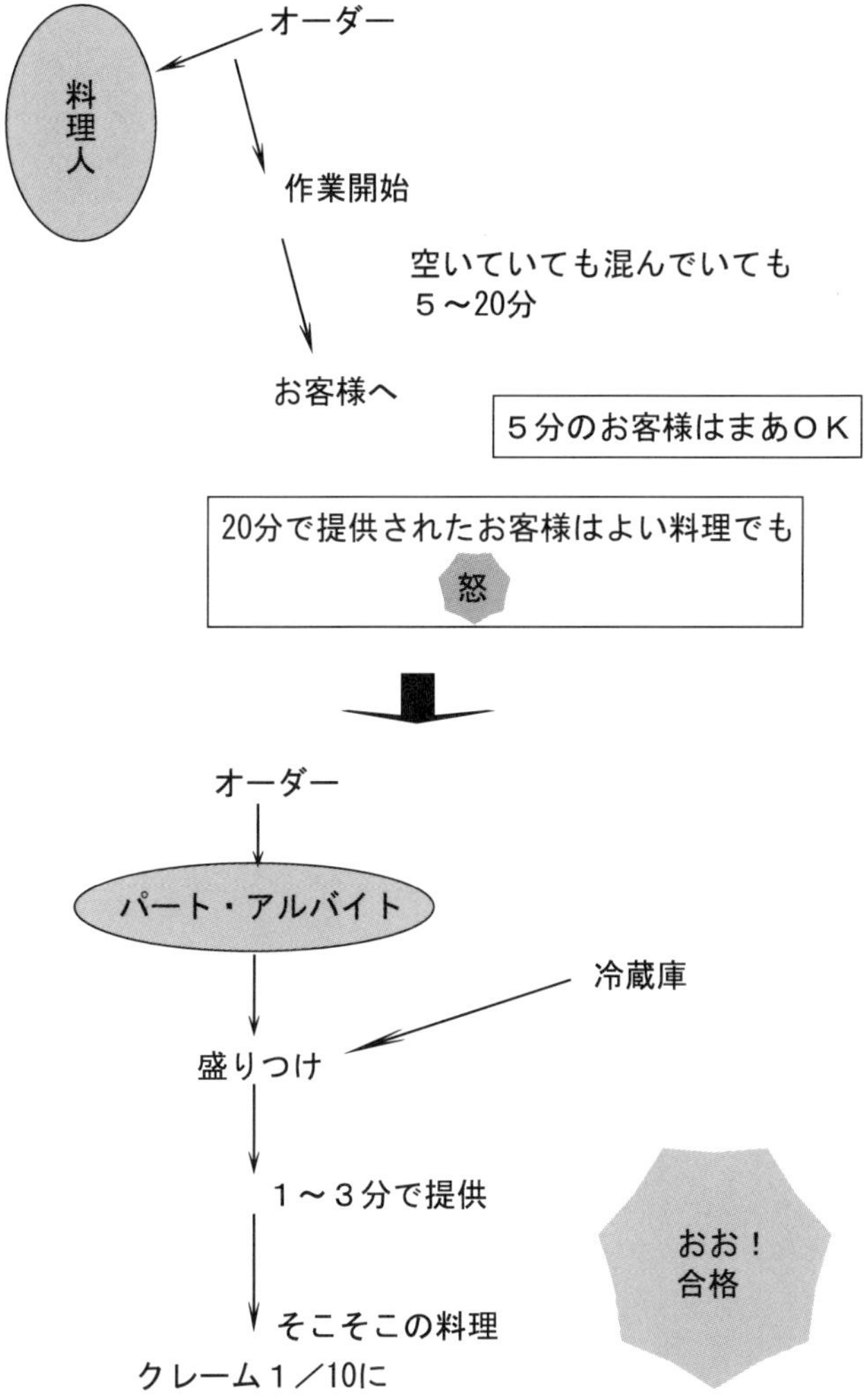
オーダー
料理人
作業開始
空いていても混んでいても
５～20分
お客様へ
５分のお客様はまあＯＫ
20分で提供されたお客様はよい料理でも
怒
オーダー
パート・アルバイト
冷蔵庫
盛りつけ
１～３分で提供
そこそこの料理
クレーム１／10に
おお！
合格

小さいテーブルであれば、それに見合った小さなお皿を一杯並べるのです。お客様が座って、「はい、乾杯」と言ったときには、テーブルの上にワァーっと料理が並んでいるわけです。

ギリギリに出すのは、お刺身ぐらいです。極端にいえば、温めなければいけないようものは、やめてしまってもいいのです。

例えば、茶碗蒸しなどは、お客様が来てから火にかけてということになりますが、そんなものは外して、お吸物にします。お吸物であれば、お出汁を温めておけますから、そこへ具をポンッと入れてすぐ出すことができます。

それもお客様が来たときに全部出してしまうのです。テーブルは、華やかで、お客様は満足感が満点ということです。

確かに、1品1品頃合いを見計らって出てくるのがいいサービスであるというような考え方は、もちろんあります。

しかし、そういうサービスは、客単価1万円、2万円のところにお任せするということで割り切ればいいと思います。

乾杯の段階で、テーブルの上にもう先付けからエンディングまで全部出ており、待たされるという苦しみは一切ない……これを実行したとき、お客様に怒られるかもしれないとビクビクしました。「この野郎、手抜きしやがって」と……。ところが、よかったという感想のほうが多かったのです。

③従来は人海戦術で対処

以前は、年末はもちろん、普通の月の金・土曜日などの繁忙日・繁忙時間帯は、お客様の5組に1組が必ず遅いと怒るのです。従業員をどんなに一杯配置しても、調理場に人を一杯入れても、もう必ず怒られていたのです。この20年間ずっとでした。

例えば、A卓に唐揚のオーダーが20個入っており、B卓には30人の宴会が入っていて、両方の揚物の時間がバッティングしてしまいました。どちらから出すのかということになります。

個人のお客様から先に出そうとすれば、宴会が遅くなります。宴会の30人分を先にとなれば、個人のお客様は何十分待たせるかわかりません。途中に挟めるかといえば、それは無理です。

待たせないためにどうするかといえば、フライヤーをもう1台増やして対応しようということで、1台を2台に、2台を3台に増やすことになります。

そうすると、料理人が1人ではまわらなくなりますから、いままで揚物と焼物と兼任で2人だったのを3人にしようとなって、どんどんコスト高になっていくのです。

いままでは、こういう形でクリアしてきたのです。お客様に怒られないためにキッチンを大きくし、調理器具の数を増やし、料理人を増やすことで対応していました。そうすると、暇なときはどうなるのでしょう。悲惨です。

いつ、お客様が来て忙しくなるかわからないから、フライヤー3台は、ずっと火をつけたままです。しかし、終わってみれば、その日のお客様は10人だったなどということもあり得るわけです。ムダの極みです。

④手間のかかるメニューは外す

それを回避するために、出せるものは全部出すのですが、一方で、やらなければならない作業を限定するわけです。

焼物、揚物、蒸物などをすべて出そうとすれば、揚物に1人、焼物に1人、蒸物に1人の料理人が必要になってしまいますが、どれかをやめてしまうのです。

筆者の店は、焼物をやめてしまいました。

ご存知でしょうが、焼物というのは、実に手間がかかるのです。お魚をきれいな姿に串を打って、塩をまぶして、焼き台に乗せて、焼き台前に1人がべったり付いて焼き具合を見守ります。その間にお皿をセットしてと……。

きれいに中まで火が通らないといけないですから、どんなに早くても10分はかかるのです。しかも、本当に火が通っているかどうかは、料理人の勘です。焼くサイズが10センチのものと20センチのものと焼き時間が違うのですが、それは普通の人にはわかりません。

したがって、料理人が必要になってくるのですが、それはムダなのでやめてしまったのです。

⑤お客様に楽しみながら作業を手伝ってもらう工夫

もっとも、完全に焼物をやめたわけではありません。

料理人にやらせるのではなく、簡単にやる方法があるのです。それは、お客様の前に固形燃料コンロをセットしておくというやり方です。

お客様1名につき1個でもいいし、大きめのコンロであれば○人に1個でもいいのです。

例えば、小さいお魚の干物なら、「これ2・3回炙っていただいたら、食べられますので」とアドバイスしておけば、店側が焼かなくても焼物を出せるのです。火がチリチリしていれば、シズル感も出ます。

つまり、お客様にやってもらえば、一石二鳥というわけです。

焼肉屋さんは、昔からお客様にやってもらう方法をとっていましたが、料理屋でもそうしたらどうなのかと考えればいいわけです。

でも、難しい物を出さないことがポイントです。難しい物だと、焼き具合を確認したり、コンロの火が足りるかをチェックしたりと、何回もお客様との間を往復しなければならないからです。

しかし、当店は、セットしっ放なしです。心配なら、焼いても焼かなくても食べられるような物を出せばいいのです。

お刺身で食べられるようなホタテなら、「蓋が開いたら食べられますから」「このバター醤油をつけて食べてください」と、それでいいんです。

仮に、その冷凍ホタテが1個50円で、お刺身ホタテが１００円で少々高くついても、人件費と食材費のバランス考えれば、１００円のホタテを出したほうが効率的です。

そのホタテは、冷蔵庫に入れて、お客様が来たら大皿か何かで10人前・10枚をポンと置いてくれば、ワンサービスで10人分クリアです。

こうすれば、サービスの手数がどんどん減っていきます。サービスの手数を減らせば、前述のメニューのつくり方と一緒で、待たせないという方針がより徹底できるわけです。

⑥〆のうどんも最初に鍋に入れて出す

ところで、当店は、リーチインというガラス張りの冷蔵庫をフロアに設置して、その中にセット済みのお鍋をぎっしり入れてあります。お客様が宴会場に入った段階で、そこからすぐに持って行くのです。

普通は、キッチンからザルに乗せた材料を鍋と一緒に持って行きますが、当店は鍋に入れた物を持って行くのです。そして、ドリンクのオーダーが始まった瞬間に火を点けます。

そのとき、火の近くにいる方に、「クックツしたり、吹きこぼれそうになったりしたら、火の加減だけお願いします」とお願いしておきます。

そうすれば、放っておいても火を加減し、お出汁を注ぎ足し、よい頃合いでうどんを入れるとか、いちいちこっちがしなくて済むわけです。

〆のうどんが最初から入っていたからといって文句を言うお客様がいるでしょうか。１００人に1人ぐらいは、「何だこれ、最初から全部入れやがって」と言う人がいるかもしれません。

が、そういう人は、次からきてもらわなくていいんです。老若男女、うるさい人、うるさくない人、すべてのお客様を満足させようと思うと大変ですが、文句のある方はどうぞご遠慮くださいでいいわけです。これが限定サービスです。

ある一定の層にサービスのクオリティを限定してしまえば、人の数は減らせ、キッチンのスペースは減らせ、複数店を展開しているのであれば、キッチンレスにできる店がいくつかできます。

もちろん、仕込みという重要な作業がありますから、まったくのキッチンレスにすることはできません。

⑦リーチイン冷蔵庫での保管で出し忘れを回避

もちろん、食中毒の管理は重要ですから、冬場に暖房のきいた部屋に作り置きの鍋など置いておけませんから、きちんとして管理が必要となります。

筆者の店でやっているのは、夕方の段階で鍋をつくって、食材も全部切って入れて、うどんも乗せて蓋をして、リーチイン冷蔵庫に入れておくというやり方です。

リーチイン冷蔵庫というのは、客席近くに出しておけるような、ちょっと格好のいい、中身が見える冷蔵庫です。中古であれば、10万円もしないで入手することができます。

このリーチイン冷蔵庫に突っ込んで入れておけば、鉄鍋であれば何十個も衛生的に保管しておくことができます。

○席のお客様は、宴会が18時スタートだからと、開始順に入れておきます。そして、「Aさん、18時前になったら○○鍋を出してね」と前もって指示しておけばよいのです。

と同時に、リーチイン冷蔵庫には、A席のお客様は19時半、B席のお客様は19時45分と記したカードなどを貼っておきます。

そうすれば、絶対に出し忘れることはありませんし、待たせることもないのです。

呼ばれてからであっても、作り置きしてあるのですから、すぐに出せるわけです。

それに対して、「何だ、お前のところは作り置きか」などと文句を言うお客様はいません。

鍋などは、どこの店でも大概作り置きですから……。

それをキッチンの奥の冷蔵庫に入れておくから、目が届かず、管理ができなくなるのです。客席近くの中身が見えるリーチイン冷蔵庫であれば、接客係が前を通る度にメモのカードが見えますか

リーチイン冷蔵庫

ら、出し忘れは回避できるわけです。

したがって、仕込んだものを、どこに置いておくかも重要なポイントとなります。

⑧この手法は旅館でも活用できる

実は、旅館の料理の出し方も、同じ方法論をとれば応用できます。

安い旅館では、効率を高めるために、お客様に食堂に来てもらおうとして、バイキングをやったりしました。一時、流行り、飽きられましたが、いまだにこのやり方が効率的だと考えています。

そこで、筆者の提案ですが、いままで紹介したやり方を実践すれば、料理人なしで、同じ料金で、部屋出しでできるのです。

パート、アルバイトで高級料理店並みの８０００円クラスのコース料理が出せるのです。１泊２日で、１万５０００円くらいの旅館に泊まると、食堂に集められ、まずい夕食を食べさせられたりすることがままありますが、それに比べれば雲泥の差です。

食べたくもない養殖の鯛の活造りしか出せないのであれば、地元の刺身を出すとか、お客様の前に七輪のコンロを置いて、「これは目の前の相模湾で取れた鯵です」と炙って食べてもらうほうがずっと喜ばれるはずです。

鯵は、魚屋に頼めば、内臓を抜いて、刻みを入れて持ってきてくれるんです。手間はかからないのです。

刺身は、短冊で仕入れていますから、お客様に出す直前に、パートが切って、盛りつけるだけです。つまも、ビニール袋から取り出すだけです。

鍋は、もちろん、昼間のうちに、パートの手でつくって、冷蔵庫に保管してありますから、夕食時に部屋に持ち込むだけです。

要は、メニューチェンジや考え方のチェンジで、作り置きができるものは山ほどあり、作り置きをすることでお客様にスムーズに出せるわけです。

これなら、１万２０００円でもできます。部屋でのんびり、家族で、夫婦で、恋人同士水入らずでのおいしい夕食です。価値があると思います。

⑨小皿などのテーブルセットは多めにして余分な呼び出しを回避する

ワンフロアオープンであれば、お客様のタイミングは全部把握できますが、個室ブーム時代のいまは、個室ごとに対応する必要があります。

お客様が呼び鈴を押して、「お醤油ください」「小皿ください」……その度に往復しなければなりません。そんなことをしないで、あらかじめテーブルに置いておけばいいのです。

小皿であれば、４人卓に20枚も置いておけば一晩中足ります。お醤油もたっぷり置いておけばいいのです。

これが、限定サービスなのです。

いままでは、それをやるのはお客様に対して失礼ではないかとか、ホスピタリティが下がるのではないかといった考え方をしていましたが、お皿が欲しいといわれていたのに、忙しさにかまけて忘れている従業員がままいることを思えば、はるかにクレームが減るというものです。

当店は、そういう考え方で、テーブルセットも通常の3、4倍置いています。で、お料理も最初に全部出す、ややこしい調理に関してはお客様に自分でやっていただくというやり方です。

⑩やらないサービスを考える

サービスは、やるサービス、上乗せするのがサービスだというふうに考えてきました。そうではなくて、やらないサービスというのがいかに重要かということを考えることが大切です。お客様に対しても、これ以上のことはしませんと……。

しかし、しないからといって、メニュー内容やコース内容についてお客様が怒るようなことは何もありません。きちんと出しているわけです。そのように考えればいいのです。

再度、強調しますが、こんなサービスじゃ物足りないというようなお客様はいらないのです。そういうお客様はいらないという勇気も必要なのです。

送客エンジンなどで集客すれば、いろんなお客様が来ます。また、営業していれば、若い人も呼びたいとか、お年寄りにも来てもらいたいとか、欲が出ますが、それをすべてカバーすることは無理です。

十代、二十代の子が好んで食べるものと、六十代、七十代の方が好んで食べる物は違いますし、年収１０００万円以上ある人が求めるサービスと庶民が求めるサービスとは違います。

自分のお店がどの顧客層に対してならいまのスタイル、いまのメニューで対応できるかを考えれば、自ずと自分のお店のメニューが変わります。明日にでも簡単に変えられます。難しいことではないのです。

鍋物は
具材も盛り込んで出す

5　キャッシュポイントを見つける

①客単価アップの手立てを考える

ここまでは、お客様から、いかにたくさん利益を上げられるか、その方法論として、スタッフの削減や、メニューの工夫によるサービスの限定手法が効果的であることを紹介してきました。

そこで、ここでは、例えば3000円のコースを目当てにお越しになったお客様が、会計のときには3500円を支払っていただけるような手立て、つまり客単価を500円アップさせるような方法を考えていきたいと思います。

どうやれば客単価500円アップが可能になるのでしょうか。

客単価アップも含めて、収入源のことをキャッシュポイントといいますが、それが複合的にたくさんあればあるほど、売上に大きく繋がっていきます。

もっとも、前述の人件費自体もキャッシュポイントといえます。月給35万円の料理長を15万円の

月給35万円の料理長を月15万円のパートでこなせる
業務スタイルにして効率化

パートでこなせる業務スタイルに変更してしまえば、それはそれで1つの大きなキャッシュポイントなわけです。

つまり、自分の店自体が金山みたいなものであり、ムダに支払われているお金があったりすれば、それが利益につながっていくことになるわけです。

よく濡れ雑巾に譬えますが、まだ絞れるかもしれないという場合、考え方を変えたり、洗濯機を使って絞れば、もっと水分が絞り出せるかもしれません。水分イコールお金ということです。

そう考えれば、創意工夫でいくつもキャッシュポイントがあることをよく認識していただきたいと思います。

誰でもすぐに思いつくのは、インターネットで自店の商品販売をしてみるとか、例えば地場の野菜、肉、魚を使っているいうことでプレミアをつけるといったことです。

要は、自店は特徴的な料理は持っていなくても、全国が相手になれば、特定エリアのものと謳うだけでも特徴のある商品に変わっていきます。

その商売の目線を自分のお店という小さなエリアだけではなく、その周辺のお客様、さらにはもっと遠く、あるいは遥か遠くの人まで相手にすることで、他の地域では特徴的な料理に転換することもできます。

外食産業では、昔からやっていますが、追加料理をつくるとか、コースを組むときにバリエーションをつけてみたりするのも1つの手法です。

例えば、Ａはお肉中心、Ｂはお魚中心、Ｃはお野菜中心のコースで、料金はすべて５０００円ですが、まったく違う3つのコースをつくり、バリエーションをつけるといった傾向が、創作料理ブーム以降は増えています。

その場合、食材の仕入も3本立てになってしまいます。

閑散時でも各コースについて少数のお客様があれば、そのわずかなお客様のためにすべてのコースの食材を仕入れなければなりません。したがって、これだけでは、キャッシュポイントにはつながらないわけです。

②コースのオプション化とバリエーション

そこで、これをキャッシュポイントにつなげるためには、1つのコースをオプション化するとか、バリエーションをつけるというのが、一番わかりやすくて、お金を生み出しやすい方法論だと考えられます。

例えば、冬のコースであれば、お鍋がついてきますとバリエーションをつけるだけでも、お鍋を豚シャブにするのか、牛シャブか、鶏シャブか、すき焼きか、鶏の味噌鍋か、牡蠣鍋かというように、メインが変わると食材の数を増やしただけでコースが変わります。

中心になるもののバリエーションをつけるだけで、仕入の数や品目はグッと減り、お客様には変わったというイメージを与えることにつながります。

また、オプションづくりで100円プラスしたり、200円プラスしたりといったことができます。

例えば、3000円のコースは、基本的に鶏のお鍋コースですが、プラス300円で豚シャブが選べます、プラス500円で牛シャブが選べますともっていけば、お客様は十分対応してくださる検討範疇にあると考えられます。

安いコースを前面に打ち出すことを目的にするのであれば、3000円で鶏シャブのコースが出せることをメインに謳えばよいでしょう。

自店は、ちょっと高めのコースですということをお客様に認知していただきたければ、メインを牛肉のコースにして、お鍋のバリエーションを選んでいただければ3000円でのコースを組み立てることもできますよとやります。

そうすれば、顧客満足度も上がるでしょうし、お客様に対してのキャッシュポイントも増えると考えられます。

③お持ち帰りセットの提供

さらには、品質管理の問題もありますが、お持ち帰りのセットを提供するというようなこともできます。

このように様々なところで利益を生む可能性がありますから、１つの料理、あるいはメインになる基本的なコースにこだわって原価計算と人件費計算だけをしていくばかりが能ではないということになります。

それ以外にも、飲食店を経営していれば、いくつもキャッシュポイントは存在します。

例えば、仕出しもそうです。

ランチもそうです。これまでよくやったパターンでは、お客様にデザートを余分に取っていただくというもって行き方もあります。

もっとも、１ついえるのは、どのコースについても、どのプランについても、既存の仕入の中からつくり出すことがポイントだということです。

仕入を増やしてやったのでは意味がありませんから、目線をちょっと変えてみるのです。

これにより、自店の持っている既存の食材や人材で十分提供できるようになることも考えられます。

④バリエーションは手間なく手軽にできる

ここまで手軽に導入できるキャッシュポイントをいくつか上げてきましたが、売上を伸ばそうというのであれば、前述したようにコースにバリエーションをつけるのが簡単です。

例えば、お刺身にサザエを1個つけるとか、活きホタテを1個つけるとかということです。活きホタテ1個100円であれば、3500円のコースが3600円にアップするわけです。

お刺身に活きホタテ1個100円でサービス中という宣伝をすれば、100円はアップすることができます。

小さな個人経営のお店でも、それぐらいの対応であればできるわけです。

実は、活きホタテは案外安いのです。青森の漁協などから直接仕入れれば、そこそこのサイズが1個50円、あるいは100円以下で入ります。

それで20円の利益だとすれば、FLのフードコストは若干上がってしまいますが、1日10人分の注文があれば200円、1年間通せば約7万円と、かなり大きな利益になるわけです。

サザエを1個つけてバリエーションを図る

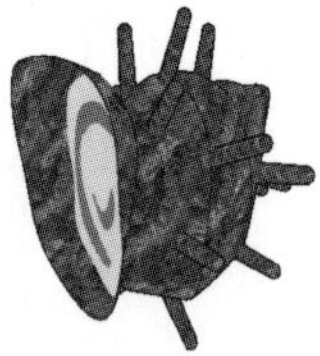

その手間は、それほどではありません。包丁をサッと入れて、片身を開けて出すだけのことです。極端にいえば、お客様に活きホタテをコンロで焼いてもらって、口が開いたところに醤油かけて食べてくださいそれで燃料代込みで１５０円プラスですということです。

したがって、複雑なことをやろうとか、かっこいいことをやるとかは考えず、楽をして利益を上げる方法論を考えれば、キャッシュポイントはいくらでも出てくると思われます。

物は、何もホタテでなくても、サザエの壷焼きでもいいんです。

しかし、サザエの壷焼きは、元々の仕入値が高く、その分売値も高くなってしまうのです。そうすると、お客様は、得した感もなく、店側もそこで10円の利益を上げるのに結構大変だったりすることになります。

そう考えていけば、安くていいものを見つけるというのは、重要なポイントになります。物を見つける場合も難しく考えないことです。基本的には、シンプルなものを足してくだけでいいと思います。

⑤インターネット通販も候補

その線に沿って考えた場合、例えば店内に「お客様のご自宅に、当店の鍋セットお届けします。２人前以上注文いただければ送料５００円」と掲示すれば、インターネット通販の第一歩と位置づけることもできます。

もちろん、近場でもそれを自店のトラックに乗せて毎日届けようと思うと大変です。別に人が1人必要になります。

そうではなく、宅配業者にクール便で取りにきてもらい、指定日に送れば手間はかかりません。段ボールの箱も特製のものを用意する必要はないでしょう。

いずれにしても、同じお鍋のコースの注文が10人前入っているところに、通販用4人前を足すだけですから、その点でも手間ではないと思います。

既に売っているようなコースを冷蔵、あるいは冷凍で2日間大丈夫なようなものを選定して、お客様にお届けできるならばそれでいいと思います。

さらに、そのバリエーションですが、自店では有機無農薬の野菜を仕入れて提供しているということであれば、仕入れた野菜はそのままでも売りになります。それを2000円くらいのセットにして、送料はお客様持ちで送るわけです。

箱に詰めて、住所書いて貼って宅配便に頼んで送るだけで300円のプラス利益になります。事業規模が小さくても、人出が少なくても、自店にあるものを上手く運用したり、上手く売ること、売るバリエーションを変化させることで、キャッシュポイントはいくらでも生まれるのです。

これは、それぞれのお店ごとに事情が違うので、自店で考えてみるしかありませんが、自店が持っているものを使うことが大原則になります。

6　インターネットと外食産業

①コンピュータでの予約管理は不可欠

筆者は、経営コンサルタントを生業としていますが、経営に携わったことがない、広告宣伝のこともわからないでは、他人様にものを教えることはできないという考え方を持っています。

そのため、二十数年間にわたって飲食店を経営してきました。その飲食店も、４店舗、５店舗と増やしていったわけです。

要は、1店舗の経営とはどういうものなのか、2店舗の経営は、5店舗の経営はというように。各々知らなければ適切なアドバイスなどできない相談ですから、全部やってきたわけです。

また、インターネットを含めた宣伝、広告、告知、情報・伝達については、コンピュータが重要な位置を占めているということで、ＩＴに取り組む必要性を痛感し、５年くらい前からはＩＴ企業の経営にも携わってきました。

こうした実体験をも踏まえていえることは、最近は飲食店においてもコンピュータの活用が欠かせないということです。

端的には、予約システムだとか、勤怠管理のシステムだとかいったものは、コンピュータやインターネットは切っても切れない関係にあります。例えば、当店のシステムには、予約センターというのが組み込まれています。

これは、コールセンターに電話の予約が入ると、A店のパソコンの画面上でも予約が埋まる仕組みになっています。お客様がA店に直接お電話いただいた場合も予約をそこに入れると、本部のコールセンターの画面もそれで埋まる仕組みです。したがって、ダブルブッキングの危険性がないのです。

よくあるダブルブッキングのパターンは、ノートに手書きで記録しておくやり方で、、Aさんはメモ書きして張っておきました、Bさんはノートに書き込みましたということで、統一されていないためにダブルブッキングが起こったり、予約の金額が違ったり様々な問題が発生します。

このようなときにも、コンピュータやインターネットを上手く利用すれば、ノーミスで管理できます。が、本部と支店がネットで連結されてなかったりすると、同じタイミングで奇跡的に同じ日に同じ予約が入ってしまうことがあったり、あるいは人為的なミスによって片方は入力したけれども片方は入力してないといった事故も発生し得ます。

飲食店経営においては、情報共有が非常に難しいケースがあるのです。1店舗のときは問題はないのですが、２店舗、３店舗になっていくと、そういう問題が頻繁に発生してきます。

そこで、インターネット、あるいはコンピュータを上手く使うことでお客様の予約に対する対応も非常にバリエーションを効かせることができ、いろいろなことができるようになります。

顧客情報のプールも簡単になります。そういう意味では、コンピュータは不可欠ということになります。

②インターネットの販売サイトはコストパフォーマンスを重視する

また、コンピュータは、インターネットを含め、いまや宣伝・広告、告知、情報伝達で非常に重要な役割を占めています。お客様は、予約する前にインターネットでそれぞれの店舗の情報を収集する時代です。

したがって、インターネットを上手く使えば、外食産業ももっと売れるようになるということです。

そのため、自社のホームページを通じて自社のうどんを売りたい、蟹鍋のセットを売りたいというオーナー経営者の方が多いのですが、ホームページさえつくれば、明日からでも売上が上がるものだと思っている方がすごく多いのです。

しかし、インターネットで上手に売ろうとすれば、例えば、蟹鍋とか、ずわい蟹と検索したときに上位にくるかどうかがポイントになります。検索結果が1位に表示されれば当然相応の売上にもなるでしょう。

とはいえ、「蟹」や「海老」といったキーワードでトップに表示されることは、普通ではあり得ません。それを上位に表示させる方法をSEO（Search Engine Optimization＝検索エンジン最適化）といいますが、それを実現するには3年とか5年とか、非常に大変な努力を何年にもわたってやる必要があります。

ところが、皆さんは、自分の所でサイトを立ち上げました、そこで販売を始めました、明日から何千円、何万円という売上が上がるんだというような認識をお持ちのようですが、それは甘いといわざるを得ません。

また、そういう方は、往々にして、某販売サイトみたいなところに登録されます。そのサイトには、たくさんの方が来ますから、ここで「蟹」と検索すると蟹の通販がズラーと何十件、何百件、何千件と表示されてきます。

ところが、そこへ出店するとなればコストもかかり、売れば売れただけ手数料を取られます。したがって、たくさん売れればすぐに利益になるかといえば、売上増にはつながりますが、多額の出店コストや非常に高い手数料を取られたため、最終的にはどうなのか疑問符がつくところです。

一生懸命苦労して、たくさんつくって、たくさん梱包して、たくさん送って、たくさん売り上げたのにもかかわらず、利益が出ない……これが、インターネット通販の現状だと思います。

ですから、単純に登録すれば儲かるという考え方は捨てなければならないのです。

結局のところ、インターネットというのは、即効性があって、万能だと思っている方が非常に多いのですが、実は、即効性が非常に薄くて、すぐにそれによって売上が上がるとか、明日から薔薇色の注文が入るといったことは絶対ない世界である……そのように認識を変えないと、ムダにインターネットにお金をかけることになりがちです。

③多大な営業広告への出資は考えもの

最近は、きれいなホームページをつくり、それを通じて売りましょうというような営業広告も多いですが、そのためには何百万円、何千万円という出資を求められることが多々あります。

しかし、それを回収するのにどれくらいの期間がかかるのかというようなことは考えず、言いなりでつくってしまうケースも多いと聞きます。

そうではなくて、インターネットは、コンパクトによいサイトをつくり、丹念に運用していくことが重要なのです。

インターネットは、きちんとした運用方法を知らないでやれば、高いお金を払っただけでなく、その維持管理コストも結構かかります。

絵を変えたいとか、デザインを変えたいということになれば、その度に手数料が発生しますし、使い方を間違えると非常に重たいために、お金がかかって効果のないものになってしまいます。その点は、大いに気をつける必要があります。

④頻繁にアクセスしてもらえるページづくりを心掛ける

インターネットは、短期間に非常に大量の情報をお客様に提供することができるという特徴をもっています。

例えば、新しいメニューができれば、すぐに写真付できれいに載せることができます。明日からこう変わりますという情報を、前日のうちに載せることもできます。改装しましたという情報を載せた翌日には、その新店の新しい部屋の写真をアップすることもできます。そういう面では、非常に使いやすく、有用なものだといえます。

しかし、ここで大切なことは、お客様がまず自店のホームページをいかに頻繁に見てくれるかということです。いくら新しい情報を発信しても、お客様が見てくれないことには意味がありません。ところが、現実には、単純に情報だけ、要は都合のいい、店舗側が自分たちにとって必要な情報だけを供給しているところが多いのです。

そんなのは、見る側のお客様は別に楽しくもなく、ただ情報が供給されているだけのページです。

そうした、そこのお店に行こうかどうか悩んでいる、もうお店の選択が終わっているお客様にとってだけ有効なページというのがほとんどです。

これは、インターネットの運用方法としては正しいとはいえないのです。

そのページを見ることで毎日何か変化があって、そのページを見るのが楽しい、そういう展開ができれば、お客様は1日1回、会社あるいは自宅からそのサイトを開いてみようかなとなります。店長ブログが面白いとか、楽しいとか、きれいだとかいうことであれば、開いてくれます。

いわゆるファンがつけば、非常に意味があるのです。

⑤コンパクトでていねいな更新がポイント

しかし、インターネットというのは、利用しています、自社サイトを持っています、毎日ていねいに更新しています、写真もやっています、でもお客様が増えませんというのが当たり前とされています。

そうした現実を踏まえた場合、インターネットを運用する、あるいは自分のホームページをつくるというときには、過剰な投資は絶対せず、なるべくコンパクトに、それでいてていねいに更新することで、別の集客サイトから来るお客様の取り漏れをなくすという考え方のほうが正しいと思われます。

具体的にいえば、A店とB店のどちらに行こうかなと悩んでいるとき、A店のホームページはきれいできちんとていねいに基本的な情報やお料理のコースの写真も載っている。ところが、B店のホームページは、もう1年以上更新もされていなくて、店内の写真もない。この場合は、どう考えてもA店に行こうと決めます。

例えば、新着ニュースのような形で、「きょう、座布団カバーを全部変えました」といったささやかなものでも構わないので、マメにやっていますよという情報を提供すれば、セレクトされた状態では非常に有用なのです。

要は、勝負で、土俵際まで行ったときにAが勝つか、Bが勝つかという場合には、マメにインターネットやホームページを運用しているほうが勝つということです。これはもう絶対的なことだと思います。

⑥その日のおすすめ、仕入情報、空席情報もお客様には有用

当店では、常に新しい情報提供することを重視しており、毎日、「いま、市場から鮪が届きました」とか、「いま、いい甘鯛が届きました」など、写真付で、開店直前まで情報を更新し続けているのです。写真をインターネットに落とし込むなど簡単ですし、いまだったら携帯からすぐ送ることもできます。

ホームページに携帯からアクセスしてデータを載せるなど、慣れれば誰でもできることで、そん

なに難しくありません。

もちろん、写真を付けなくても構いません。

トピックス欄で、きょうは何をやったというようなことを、毎日、とにかく最低でも2項目は更新し続けることを旨とすべきでしょう。

自分が出社した日・時間に、あるいは仕入れた商品が届いたときに、1回、その日の仕入状況についてお客様に報告することを励行しています。

実は、この更新時間帯というのは、お客様の就業時間中です。

要は、帰るまでにチェックしてもらって、「きょうは○○で飲もうよ」というところへもっていこうという作戦なのです。

昔は、飲む場所は予約しておく必要がありました。ところが、いまは空いていますから、当日決めればいいわけです。

そこで、頭の中にある4、5軒のお店のうち、どこへ行こうかというセレクションをする際に、各店のサイトを仕事の合間とか休憩時間に開いて見ることになります。

そうすると「おっ、他の所は更新してないけど、A店はきょう美味しい鰹が入っていると書き込んであるぞ」ということになれば、当然のごとくそこに行くことになるわけです。

もう1つ当店でやらせていることは、夕方でも構わないので、空席状況のアップや、「きょうは特別個室のAが空いています」とか、「個室の空きは1つだけになってしまいましたので、是非お電話いただいてからお越しください」といった情報の記載です。

これにより、予約確保につながる可能性が高いからです。

⑦毎日、最低2回の更新を励行

毎日更新しなければいけない、何かおもしろい情報やお客様に喜んでもらえる情報をアップしようと思うと非常に苦痛になってきます。

しかし、情報を公開するだけだと割り切れば、苦痛ではなくなると思います。

そう深くは考え込まずに、まずはとにかく毎日、最低2回は情報更新する、公開するというスタンスで取り組んでいただければ、やっていけると思います。

ところで、それを誰がやるかですが、マメな店員さんがいるときはやっていたけれど、その人がやめたら止まってしまったといったケースもまま聞きます。

したがって、なるべくオーナーがやるのがいいでしょう。小さいお店ほど、そういうこまめな対応が重要だからです。

オーナーの方は、インターネットやホームページというと敬遠しがちですが、何も難しくありません。いざとなれば、安い金額でやってくれる業者もあります。

ホームページを作成してもらい、情報発信するだけであれば、年配のオーナーや従業員の方でもて絶対できますから、ぜひとも取り組んでほしいと思います。

⑧インターネットへの過大投資と過信は禁物

実は、筆者は、人一倍インターネットを信奉していたのです。インターネットに載せれば、明日から売上が上がると信じていましたし、コンサルタントしているお客様に対しても、これからはインターネットですよと言い続けてきたのです。

したがって、自分でインターネットの会社を立ち上げたのです。

ところが、自分でインターネットをやってみたら、そうではないことがわかったのです。

インターネットに大量のお金を投入することはお勧めできないというのは、その実体験を通して学んだことです。

ですから、筆者は、インターネットの会社の社長でありながら、外食産業のコンサルタントをするときには、インターネットにそんなにこだわってはいけないということを強調するわけです。

⑨上位ヒットには細かなキーワードの組込みで対処

宅配を活用した食材などの広域での物品販売を狙うのであれば、検索結果において上位に表示されることが重要になってきますが、そのためのヒントとしては、「蟹」ではなくて、「北海道」「活き蟹」など、なるべく細かいキーワードでヒットする仕組みをサイトの中に組み込んでいくことが大切です。

わかりやすいので車を例に取りますが、中古車というキーワードでは、超大企業がひしめき合っているゾーンで戦わないといけません。

そこで、それを避けて、「中古車」「クラウン」「3年」というようにキーワードを増やして勝負するのです。

これは、前述のSEOの考え方と合致しており、お金も安くすむようになります。それで人気が出てくれれば、どんどんサイトに対するアクセスやお客様が増えて、上位に進出していくことも可能になるので、そういう方向で工夫をしていくことが大切だと考えます。

⑩送客サイトは元が取れないことも頭に入れてかかる

仄聞した例では、某旅行サイトから送客してもらうと、1人あたり1000円の赤字が出るなどという旅館もありました。

プランのつくり方や送客サイトとの契約によっては、やればやるほど赤字になるパターンもあります。

それでも、平日にお客様を呼び込まなければ、売上ゼロでは従業員を食べさせていけないということで悪循環に入っていくわけです。こういうパターンは、絶対に避けなければいけません。

そのためには、繰返しになりますが、とかくインターネットは万能であるという考え方は捨て、インターネットを使えばお客様が来るとか、物が売れるということは、基本的に考えの中から外していかなければいけないのです。

すなわち、利益を出すためにインターネットを利用しようとするわけですが、利用の仕方を間違えると利益が薄くなっていってしまうということを十分に認識してかかることが大切なのです。

インターネット広告、あるいは送客エンジンは、いまだと月10万円が基本契約です。もう10万円出せば、インターネットでも掲示されるようになります。さらに、もう10万円出せば、お客様が「居酒屋」「個室」で検索したときに上位に表示されますよという形で、気づけば20万円、30万円と宣伝広告費がかかることになります。

1軒でそれだけかかれば、元は取れません。広告宣伝費は、通常、売上の2～3％が適正といわれているのにもかかわらず、1軒に20万円もかけていたのでは当然です。

それを2％に収めようとすれば、1000万円の売上がなければならない勘定です。

そもそも、毎月1000万円の売上があるようなお店は、インターネットで送客してもらう必要などありません。そういう不思議なスパイラルな形になってしまっているのです。

ですから、送客エンジンや広告にもお金をかけすぎないようにしなければなりませんが、そうすると新規客はなかなか獲得しにくいという状況になります。

だからこそ、既存のお客様から、たくさんの利益を上げなければならなくなるのです。

利益をたくさん上げるというと語弊もありますが、やり方を間違えなければ、サービスやクオリティを落とすことなく、お客様にいままでと同様のものを提供して、いままで以上の利益を上げることができるということなのです。

したがって、インターネットとの付合い方は、その辺を十分に踏まえてかかれば、非常に重要なキャッシュポイントにもなるということです。

インターネットへの過大投資は禁物

第3章　やめるサービスとやめる勇気

1　不快な接客はやめる

①就労期間の短い業界では時間のかかる教育は困難

筆者は、ずっと外食産業を展開しながら、コンサルタントもやってきました。いずれの立場においても、お客様に対してプラスの考え方を強調してきました。

プラスの考え方というのは、プラス思考とかそういうことではなく、「足し算」ということです。昨日までやってきたことに、きょうはこれを足すことで前進しようということです。

例えば、お店がきれいで、清潔に保たれていたとしましょう。そのためには、1日に2回お掃除をしているのです。

それでは、明日からは1日に3回にしましょう。あるいはキッチンも1日に2回お掃除するようにしましょう……というように、いままでやってきた既存のサービスやよい習慣に次のものを足す、足し算をずっとやってきたわけです。

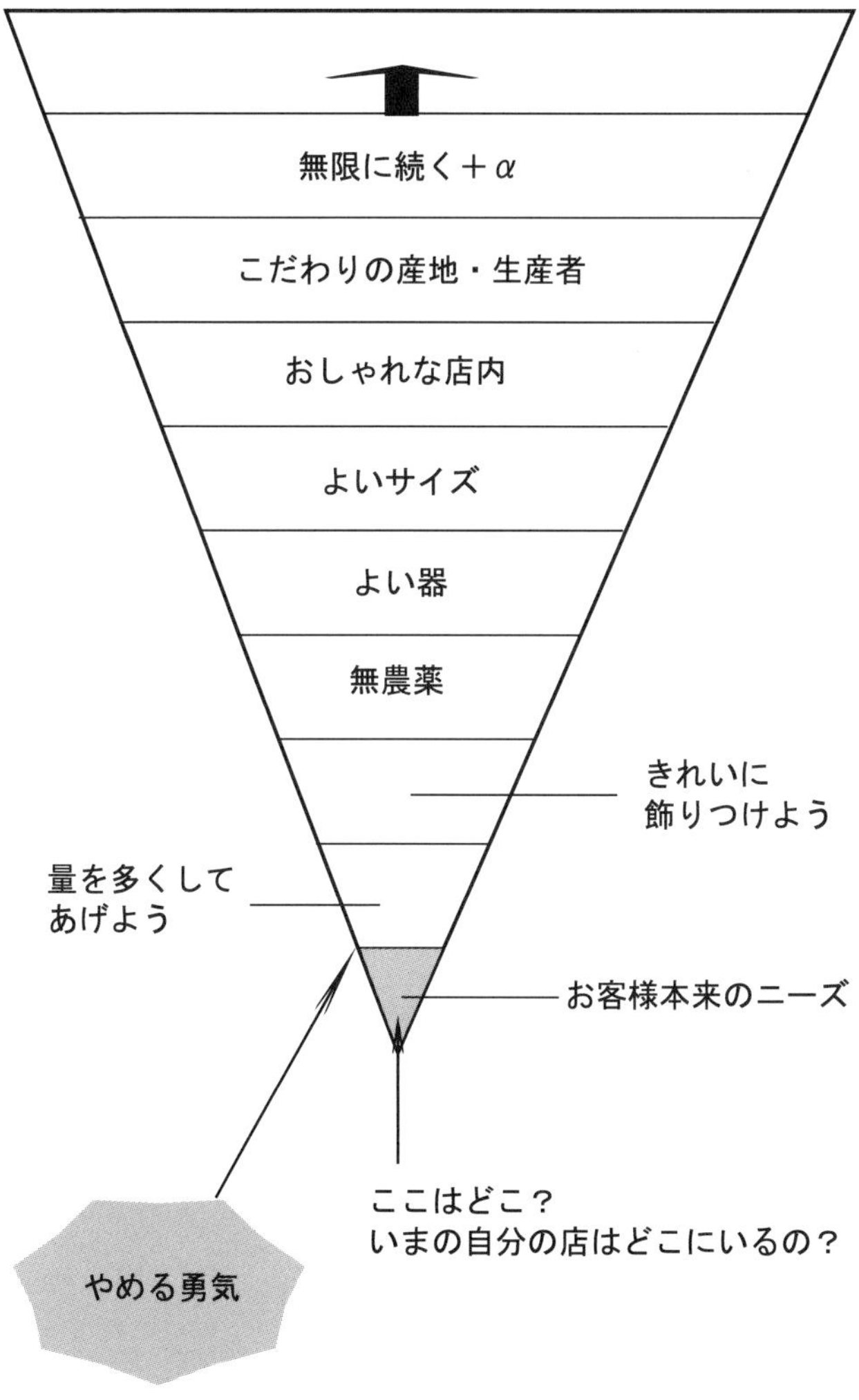
無限に続く＋α
こだわりの産地・生産者
おしゃれな店内
よいサイズ
よい器
無農薬
きれいに
飾りつけよう
量を多くして
あげよう
お客様本来のニーズ
ここはどこ？
いまの自分の店はどこにいるの？
やめる勇気

従業員についても、最初のうちは基本的なサービスもままならなかったのが、段々できるようになってきました。

そこで、今度は、お客様の名前を覚えるようにしましょう、お客様の名前を覚えたら、そのお客様の好みを理解するようにしましょう……といったことを筆者はコンサルタントをしながらクライアントに提案して、教育してきたわけです。

しかし、それは、従業員が3年、5年、10年と勤めてくれるから成立した話です。

これは、外食産業だけに限りませんが、いまの人は、簡単にやめてしまいます。どんなに年配の人でも、どんなに重要な役割を持っている人でも、どんなに責任のある立場にいる人でも、ある日突然「明日からやめます」とか、「もう来ません」……と。電話でやめてしまうのです。これがいまの日本の就労の現実だと思います。

こういう状況では、時間がかかるホスピタリティや教育とかをするのは、きわめて難しくなります。

それを補完するために、ちょっと前までは、人手不足の中で、サービスマニュアルをつくり、「本日も、○○店にお越しいただきまして、ありがとうございます」と、どこの居酒屋に行っても同じ言葉をしゃべる人間ロボットをつくって対応してきました。

それならきょう入った人でもできるからです。しかし、それは、お客様にすれば気持ちのよいものではありません。

②やめることはないかを考える

いままでは、あれもやれ、これもやれ、それもやれ、要は拡大、拡大、拡大で来ました。お金のかかることをどんどんやってきたわけです。

理由は、とくに外食産業の人間に顕著にいえることですが、お金をかけてお客様を呼ぶという考え方がずっとあるからです。

ところが、お金をかけてもお客様が来ない時代が来てしまいました。

店舗数ばかり増えましたが、どの店もガラガラです。稼ぎ時のはずの金曜・土曜日でも、やっと埋まるか、埋まらないかといった状況です。

超繁盛店など、各地域に1軒あるかないかという時代が来てしまったのです。いや、下手すれば、繁盛店すらないというような地域が一杯あります。

そういうときに、やることばかり、足し算ばかりしていては、とにかくお金がかかるだけです。

従業員教育についていえば、1か月間は研修生です、研修生はお客様に本サービスはさせませんなどということはもういまやできません。2か月後にはやめてしまう可能性もあるわけですから……。

つまり、1か月間ムダにして3年勤めてくれればいいのですが、3か月でやめられたら割に合いません。

そう考えていけば、どうしていろんなことをやめるかが非常に重要になってくるわけです。

コックレスもそう、キッチンレスもそう、インターネットもやめなさい、送客エンジンにお金を払うのもやめなさい、広告宣伝費もめてしまいなさいと提言してきました。

この3章では、そのやめ方を解説することにします。

2　やめてしまうサービス

①テーブルとキッチンとの往復回数を減らす

外食産業の接客サービスは、通常、お客様を入口でお出迎えしての「いらっしゃいませ」から始まって、席にご案内する↓おしぼりをお持ちする↓メニューでお勧めをご紹介する↓お客様からご注文をいただく↓まずドリンクを持って行く↓お通しを出す↓キッチンにオーダーを通すという手順を踏みます。

これだけで、１人の従業員が5回も6回も1つのテーブルを往復するわけです。

料理の出る前の段階でこのように1つのテーブルに5回も6回も行っていれば、例えば20卓満席になるとすると１００回から１２０回往復しなければいけないことになります。

案内する、おしぼりを持って行く、ビールを持って行く、あれを持って行く、これを持って行くとやっていたら、大変なことになります。

やらなければいけないことは、どうしたってやらなければいけませんが、やらなければいけない回数は減らすことはできます。

それをやろうというわけです。

筆者が最初に着手したのは、キッチンレスをやるときにお鍋をつくって置いてあるという説明をしたと思いますが、それによって客席との往復を減らすということでした。

従来、お客様に提供するときは、お出汁だけ入っているお鍋を持って行って、具材だけ並べたザルやお皿を持って行って、火が通りましたらこうしてください、最初にあれを入れてください、これを入れてくださいとお願いして、下手をしたら従業員が具材を入れるサービスをするというようなことでした。

もし、それをやっていたら、1人の従業員がトータルで何十分もそこのテーブルに張り付いていなければならないことになります。

昔のように8000円とか1万円、あるいは2万円のコースを注文してもらっていた時代はそれでいいのですが、いまはそんな時代ではありません。

コース自体は、値下げ合戦が続いていて、3500円です、4000円ですといった時代になっています。筆者のフラッグシップである一番の高級店では、客単価8000円ぐらいであったのがいまや5000円まで落ちています。

これは、特定の店がどうこうではなくて、時代がそういう時代になってしまったということです。

何回客席とキッチンを往復しますか？

いったい、１組のお客様に何十回行けば済むのですか。

やめる勇気

緊縮ムードがあったり、企業では宴会予算を削れという指示があったり、あるいは実際所得は年々減っていますから、どんどん値下がりしていくのです。

そういう状況下で、それに即応して戦い続けられる人はいいですが、戦い続けられないのであれば、やめてしまわなければいけないということになります

②鍋は具も出汁も最初に揃えて出す

お鍋の場合、お鍋はお鍋で昆布の出汁が必要になります。それをどうするかというと、お鍋の中に全部具を入れて出します。

というのは、お鍋と具を別々に持って行っても、お客様はすぐに具をお鍋の中に入れてしまうからです。従業員の説明など半分しか聞かず、グズグズいってきたら、入れちゃおうかとサラサラサラと入れてしまいます。つまり、別々に持っていっても一緒なわけです。

それなら、お鍋の中にきれいに盛り付けて並べたもののほうが、よほど見栄えがいいわけです。具の入ったお鍋ポンッと置いて、お出汁入れ、火をつける。

そして、「○○に火が通ったら食べられますから、それだけご注意くださいね」とか、「これは生だと危ないですから」と重要な説明だけするのです。そうすると、お鍋は、1回のやり取りで済んでしまうのです。

③鍋は出汁のみで食べてもらう

加えて、お出汁でも工夫をしています。

お鍋の場合、お鍋はお鍋で昆布の出汁が必要になります。それをポン酢や胡麻ダレで食べてもらおうとすれば、またセットが増え、受け皿が必要になる、胡麻ダレも必要になる、もみじおろしやネギといった薬味も必要になります。

これは、つくる側も大変ですが、それを受け皿に入れる従業員も必要になる、それを客席に出す従業員、片付ける従業員も必要になります。

また、足りなくなったらなったで新しいポン酢を持って来てといわれる……大変な作業です。

それを回避するために、お鍋には全部味がつけてあります。しゃぶしゃぶを出すときも、お鍋に強めの味をつけておいて、お客さんにしゃぶしゃぶしてもらい、それをポン酢や胡麻ダレで食べない仕組みにしているのです。

筆者は、それを「やめるサービス」と呼んでいます。

ポン酢でなければ食べられないというのであれば、極端な話、しゃぶしゃぶなんてやめてしまってもよいのです。

お鍋でそのまま食べられるものだけに特化すればいいのです。

ましてや、お鍋を食べ終わった頃に、お雑炊にしますか、おうどんにしますか、それともきしめんにしますかなどと聞きに行くということは、過剰サービスの最たるモノです。

もし、お客様が「じゃ、雑炊で」「いや、私はおうどんで」「私、○○で」などと6人で3種類注文された日にはたまったものではありません。

そういうのは、バリエーションのつけ方として間違っているわけです。手間をかけないようにというのであれば、最初からうどんも乗せておけばいいのです。

うどんがいやだというお客様には、オプションでプラス200円で雑炊セットが付けられます、もっと入るというのであれば「雑炊セット2つ」と注文してもらえば、元々店内にあるご飯と卵で400円プラスできるわけです。

④鍋の一括出しはお客様に迷惑はかからない

別に、最初からうどんが最初に乗っかっていたっていけないことではありません。お子様連れの家族であれば、先にうどんが入っていたらお子さんは喜んだりするわけです。

ですから、それがいけないサービスかといえば、決してそうではないのです。別々に持ってくるサービスをやめたからといってお客様に迷惑がかかるのかといえば、かかりません。

そんなことよりも、お鍋のセットを頼んだにもかかわらず、お鍋を食べ終わっているのにおうどんがなかなか出てこないというほうが問題なわけです。

帰りたいのに「おうどんまだ？」「雑炊セットってさっき言ったのに雑炊まだ？」という場合にクレームがつくのです。最初から全部出ていたらクレームなどつかないのです。そう考えていけば、やめるサービスは筋が通ってくるわけです。

⑤定着させるまでは時間も

このやめるサービスは、簡単そうですが、実は定着させるまでは大変でした。

というのは、ちょっとサービス業に携わったことのあるアルバイトや気の利いた従業員というのは、無意識のうちに必要以上にサービスしてしまうからです。

おうどん乗っけて出しておけばいいと言っているのにもかかわらず、「ちょっとまずいんじゃない。後から出したほうがいいんじゃない」などと考えて、おうどんだけザルに入れ替えて後から持って行ったりするわけです。

筆者が、「最初から乗っけて一緒に出してって言っているのになぜ」と問いかけると、「お客様が喜んでくださると思って……」という答えが返ってきます。

彼らは、決して悪いことをしているのではないのです。とってもよいことをしているのです。最初に紹介したように足し算のサービスをしてくれているわけです。

ところが、引き算のサービスをしようとしているときに、足し算のサービスを続けられるとブレーキになってしまうことになります。

他にも、気の利く従業員になればなるほど、いろんなことをやってくれるのです。お出汁がちょっと薄めだろうからポン酢を出してあげようとか、現場で始めてしまうわけです。

悪いことではありませんから、怒りにくいのですが、怒らなければならないのです。いままであれば、「何でポン酢を出さないんだよ」と従業員を怒っていたのが、今度は真逆のことを怒るわけです。

矛盾もいいところですが、そうではなくて、しないことでお客様に喜んでもらうっていうことを考えているんですから、いままでとまったく頭の構造を変えなければならないのです。

引き算のサービスをどうするかということです。引き算のサービスというと語弊がありますが、お鍋の考え方からおわかりいただけるように、しなくてもお客様に喜んでもらうという方法論がベースです。

外食産業に携わる人間は、詳しくなればなるほど、長年やればやるほど、プラスのサービスがいいサービスだと思い込むようになりますから、どんどんサービスの量を増やし、お客様との接客回数を増やします。

その結果、1つのコースを全部出し終わるのに2時間かかり、接客回数は20回も30回も発生します。

しかし、やめるサービスを励行している筆者の店の場合は、最初に全部並べますから、接客時間は15分、接客回数は2回で済むこともあります。

あとは、「ドリンクちょうだい」と呼ばれたときだけ行けばいいわけです。そうすると、従業員もドリンク対応だけしていればいいわけですから余裕です。

⑥ミスもクレームも少なくなる

接客回数を減らせば、出しミスも少なくなります。

A卓のお客様は、ここからここまでと冷蔵庫に全部入っており、中のものを全部出し切りさえすれば、出しミスもありません。

いままで、12月とかの繁忙期には、A卓の揚物が出てないとか、「しまった。B卓おうどんって言われていたけど、出してなかった」とかいうことがよくありました。しかも、気づいたときは、お客様は帰られた後だったと……。そんなことが一杯発生しました。

ところが、いまは、冷蔵庫なら冷蔵庫のエリアにこれはA卓のものとすべてお刺身から何から何まで並んでいますから、開店時にチェックすればいいだけです。

A卓のコース、あれ・これ・それ・どれ、全部あるな、大丈夫だな、コンロはセットされているか、火を点けるだけになっているかということです。

冷蔵庫チェックとテーブルチェックをするだけで、暖かいものも冷たいものも間違いなく出ます。接客回数が減れば、クレームもなくなります。そういう意味では、やめてしまうサービスというのは、決して悪いことではありません。サービスを減らすということは、必ずプラスにつながるのです。

⑦デザートサービスもやめる

最後のデザートサービスが出てこないというのも、よくあるパターンです。

「食事は終わったからデザートお願いしますね」と言われ、「はい」と言ってから10分も15分もデザートが出てこないというやつです。

お客様は、デザートなんて2、3分で出てくると思っていますから、帰る直前、時間計算をしているわけです。何時のバスに乗ろう、何時の電車に乗ろうって……。ところが、10分も待たされたんではたまったものではありません。

もし、そういう対応しかできないのであれば、デザートはやめてしまうとか、デザートはオプションですということにすればいいのです。どうしても続けるというのであれば、、コースの中に入っていてデザートだけ最後の冷蔵庫の棚に残っている場合、これは何時何分に出さなければいけないとメモ書きして貼っておくことです。従業員が前を通る度に、「あっ、これ何時何分」と見るわけですから出し忘れは回避できます。

ところが、オーダーが入ってから、わらび餅をちょっと茹でて、冷して、蜜をかけて、何だかんだやっていたり、4種類も5種類も乗っけてバラエティ豊かなデザートですなんてやっているから、問題が発生してしまうのです。

したがって、そういうサービスをなるべくやめましょうというわけです。

実は、それが接客、サービスのレベルをあげることになるかもしれないのです。やめることが、サービスの品質を落とすことには直結しないと考えます。

デザート提供をやめる

3　ホスピタリティを捨てる、その捨て方は

①ホスピタリティはマニュアル教育の埒外

ホスピタリティは、もてなしと訳されますが、外食産業の世界ではお客様に対する思いやりであったり、お客様をいかに大切に考えるか、お客様に喜んでもらうためにどうしたらいいサービスができるかを総体的に捉えています。

当然、そういう精神的な部分は捨てるべきではないと思います。

ところが、それを機械的にやらせようとしたことでおかしくなってしまいました。お客様に喜んでもらうために、従業員の心までつくろうとしたわけです。

前述のサービスマニュアルは、行動面でしたが、ホスピタリティはハートにかかわるものです。行動だけではなくて精神までひっくるめてお客様に対してベストなサービスをしようではないかというところで構築しようしたものだと思います。

もちろん、ホスピタリティとサービスは、共通する部分も大いにありますが、ホスピタリティはいくらマニュアルに書き込んでも教え込むことなどできないところがあります。

いわゆる行き届いたサービスマンというのは、遠くの部屋でカチャンと音がしただけでも、「あっお箸が落ちたな」と気づいて、お箸を持って行くわけです。

ピンポーンと鳴ったときには、もうお箸を持ってきているとか、お客様がビックリするぐらいのサービスができる人もいます。

しかし、真逆もいるわけです。目の前でお客様が箸を落としたにもかかわらず、知らん顔をして通り過ぎる従業員もいるのです。その従業員に対してホスピタリティの教育をしようとするのですが、これはいくら怒ってもできないのです。人の資質の問題なのです。育ちであったり、親の教育だったりということです。

どちらが正しいとか、どちらがいいかというのは、一概にはいえません。ただ、サービス業のサービスマンとしては、できないよりはできたほうがいいということです。その能力が高い人ほど当然お客様に喜ばれる可能性は高いということだけはいえるわけです。

したがって、熱血社長は、皆そのホスピタリティを従業員に活かしてもらおうと頑張るわけです。当然、熱血社長ですから、自分が先頭に立ってやっていればいいサービスをします。気の利く人が社長になっているわけですから当然です。

ところが、従業員が皆、その社長ほどの能力があるかというと疑問です。大概の場合、社長の能力より上の人間は従業員になりません。

ついてくるのは、社長より能力の低い人間ということになります。その従業員に対して社長が自分並みの接客を求めることができるかというと無理なわけです。

では、どうするかというと、またマニュアルをつくって始めようとします。

マニュアルには、どんどん気づいたことがプラスされていきます。社長は、お箸が落ちる音がしたらお箸を持って行けとか、お絞りは2回交換しろ、交換するタイミングはここだとか書き足すわけです。

気づけば、1人のお客様に対して、接客回数が尋常じゃなく増えるのと同時に、やらなければいけないこと、感じなければいけないことが膨大に膨れ上がってきます。

しかも、これがよいサービスだというのは、社長、店長、支配人、マネジャー、サービス担当とそれぞれ違うのです。

それでは、社長の基本的な考え方をベースに敷衍して、全員が社長イズムに則って、同じサービスを提供できるように頑張りましょうとやるのは大変であり、実際には中々そんなことできません。理想論ではあり得ても、現実にはあり得ないでしょう。

これは、そういうことに携わっている経営者はもちろん、サラリーマンの経験しかない方でもあまねく理解できると思います。

会社の中には遊んでいる人、仕事をしない人、できない人、できる人がいます。その場合、10人いて、10人とも仕事ができ、休み返上も苦にしない、皆ニコニコして会社大好きなどというようなことはあり得ないでしょう。

そういう状況を考えれば、ホスピタリティを向上させてお客様に対してよい接客をしようなどとするとすごく難しく、マニュアル化したり、強制化すればするほど、やる人とやらない人が明瞭に分化していくことになります。

気の利く人は、元々できます。

さらに、注意されたことも、プラスしてできます。

しかし、気の利かない人は、元々できません。さらに、プラスされた作業は回避していくようになります。

どんどん二極化していくのです。

そうすると、よいサービスをしてくれる従業員に当たったお客様はすごくいい接客を受けたと思いますが、駄目な従業員に当たったお客様はよくない接客を受けたと感じます。

②最低限のホスピタリティ提供と割り切る

そう考えていけば、ホスピタリティというのは、非常に難しく、それなら最低限のところに留めてやめてしまいましょうということになります。

やめ方という意味でいえば、精神、あるいは心に関するマニュアル化はやめてしまう、キッチンの中に貼ってある教訓は外してしまうということです。

当然、最低限以下の接客をするようなスタッフはいらないのでいないわけですから、あとはスタッフの自由意思に任せばいいと思います。

何も教育しなくてもいいということではありませんが、教育機会を増やしたところで、3か月後、あるいは明日にでもやめてしまうかもしれない従業員に対して精神教育をするというのは、どれほど意味があるのかということです。

たとえ有用としても、仕事の役に立っている従業員が10年間で何人育つのかということは考えなければなりません。

もちろん、ホスピタリティと衛生観念とは別物です。

したがって、例えば爪をきれいにしてあるかとか、入店したら必ず手を洗うとかいうことは、ホスピタリティとか思いやりとかそういったものの分野ではなく、外食産業に携わる人間の必ずやらなければならない基本的な事項ですから、これは一緒にしないでください。

サービスとは、何なのかを考えなければいけないということであり、過剰であればいいという考え方は捨てる必要があるということです。

4　送客サイトに頼らない

①送客サイトは金食い虫、間尺に合わない

インターネットには、いくつかの送客サイトがあります。外食産業界では、集客には不可欠だとして、多くの会社が活用していますが、筆者はやめてしまったほうがいいと思っています。

送客サイトは、１社あたり20万円、30万円のコストがかかります。

仮に、Ａという送客サイトにに20万円、Ｂというインターネット広告に10万円、Ｃという複合広告に30万円を支払うと、もうそれだけで60万円です。

それも、どれが有効なのかわからないのが現状であって、その60万円の広告・宣伝費を回収しようとすればいったいいくら売らなければならないのかということです。

普通の飲食店は、原価30％、広告宣伝費は５％くらいで計算しています。積上げ式でやっていますから、その場合、原価30％、人件費30％というと60％、40％は残ります。しかし、変動費や諸々の費用、社長の給料、さらには本部経費、お店の修繕費だとかも必要です。

したがって、その中から60万円の広告宣伝費を出すというのは、主人と奥様の２人でやっているような料理屋の場合は到底無理ということになります。

ところが、新規客を獲得しようとするお店は、それをやらないとどうにもならないということでやってきたわけです。仮に、月20万円の広告宣伝費をかけたとすれば、少なくとも月１００万円は売り上げないと割に合いません。１か月１００万円売って初めてその先に利益が見えてくるわけです。

１００万円の売上で原価30％、人件費30％、広告宣伝費20万円といえば、それでもう80万円は消えてしまっています。その残りは20万円ですが、そこから家賃を払ったり、何だかんだを支払っていくことなど絶対にできません。

②月商５００万円なら送客サイトはやっとペイ

送客サイトを利用してお客様を呼ぼうとすれば、少なくとも最初の経営シミュレーションの段階で、月商５００万円とか６００万円のお店をつくらなければならないことになります。年商でいえば６０００万円、７０００万円クラスのお店でなければ、月20万円、30万円という広告宣伝費はそもそもかけてはいけないわけです。

ところが、いまや、小さなお店も大規模店も皆な載せています。月商２０００万円ある大規模店はいいんです。月商２０００万円あるのであれば、月に60万円くらいそういったサイトとかに広告してもいいんですが、月１００万円とか２００万円の売上、よくて４００~５００万円の売上のお店で、広告宣伝費50万円かけるというのは相当きついです。

これを踏まえて考えれば、送客などのサイトを利用したり、広告・伝をして売り上げようとする場合は、客単価×座席数×回転数というような計算式で割り出すと、月に６００万円、７００万円を売り上げるようなシミュレーションを持ったうえでオープンしなければならないことになります。

もちろん、既存店では無理です。小規模店、あるいは個人店ということになれば、いっそう難しいことになります。

したがって、そこで広告・宣伝費をかけて四苦八苦するくらいであれば、思い切ってやめてしまったほうがいいと思います。

③送客サイト利用は結局ペイしない

ちなみに筆者のグループ店は、送客サイトを通じてきてくださるお客様が全体の2割から3割ぐらいの間で変動していますが、そのサイトをやめればお客様が2割減ることになります。

例えば、月商３００万円の場合、２割のお客様が減れば、売上が60万円減って２４０万円になります。が、考えれば、そもそも60万円の売上では、20万円の広告宣伝費ペイしないわけです。広告宣伝によってお客様に認知してもらえば、新規客として来てもらえるわけですから、お客様は増えます。

ですから、開店当初はいいのです。やってもいいと思います。これは、毎月かかるコストではなくて、事業を始めるに当たってかけるランニングコストです。お客様をガッと掴もうとする最初の時期にはかけてもいいと思います。

しかし、その場合でも考えなければならないことがあります。

というのは、送客サイトのお客様は大概割引で来るわけです。ドリンク１杯サービスとか、５００円ＯＦＦとか、20％ＯＦＦとか、通常４５００円のコースが３０００円ですといった割引サービスで来るのです。そのお客様は、次に来るときに４５００円を払って同じコースを食べるかというと、絶対食べないです。

割引でやっているお店は星の数ほどあります。次はまた他の割引のお店に行きましょうということになるからです。

結局、負のスパイラルの中に足を突っ込む形になるわけです。どこまでいっても儲からない仕組みなのです。

お客様は、安く行けるから得なのです。あのようなシステムというのは、送客する側のサイトや広告会社、それにお客様が得をする形なのです。お店は、必ず損をするようにできているわけです。なぜなら、広告宣伝費を乗っけてコースの値段を決めている経営者なんていないからです。3000円のコースに20％の広告宣伝費を乗せて3600円で売ろうとしている人はいないのです。そんなことやれば、お客様は高いということで逃げられてしまうと思うからです。

したがって、上乗せできないのであれば、送客サイトの3割のお客様を諦めてしまいましょうというわけです。

売上が60万円減って20万円の広告宣伝費支出がなくなるのであれば、240万円の売上で広告宣伝をしないほうが正解ではないでしょうか。

いずれにしても、きちんと自店の数字計算をしておくべきです。売上に対してその宣伝広告費が正しい割合にあるのかどうかということです。

儲かっているのであればいいのです。100万円かけた結果、101万円の利益が出ているのであれば、それでもいいかもしれません。

しかし、プラス100万円分の利益を出すためには、ザックリ計算しても500万円から1000万円売り上げなければなりません。

となれば、従業員数も増え、管理する項目も増え、サービス機会も増えますからクレームも増えます。

費用プッシュ要因、マイナス要因が積み上がるわけで、それでいいのですかということです。

④売上減の状況下では広告宣伝費カットが正解

つまり、前年対比70％の売上でいいんだと割り切ってしまえば、やめられるのです。ところが、前年対比１００にしようとか、１１０にしようとするとやめられないわけです。前年の売上は広告により売上増があった上でのことです。

しかも、そこから自然減しているのです。日本の人口も、所得も減っています。当然、外食の売上も減ります。そんな状況の中で前年対比１００とか１１０の売上を目指すというのは理屈に合わないわけです。人口の減少、外食機会の減少、あるいは所得の減少を上回って店舗数が減ってくればいいのですが、自店もやめていないのに他店もやめるわけがありません。

そういう状況をきちんと踏まえて、前年対比70％の売上でまわるように、いま来てくれているお客様だけでキッチリやりましょうと提言しているわけです。

そのためには、売上が落ちても利益が前年よりも多ければいいということで、ＦＬを落とします、広告宣伝費もなくしました…、余計な支出がなくなればなくなるほどすっきりしますよと紹介してきました。

売上が前年よりも10％落ちた、20％落ちたなどということは、いまのご時世だと十分あり得ることです。災害があれば、前年対比50％などということもあり得ます。

そうなれば、お店は、もう潰れるしかないわけです。前年対比売上50％減の地獄の中でどう生き残るかといえば、やめられるものをやめるしかないわけです。

例えば、前年は月商が５００万円ありました。本年は、前年対比50％減の２５０万円の売上にダウンしましたといっているときに、まだ５００万円のときと同じように５０万円の広告を打つなどということは、そもそも成立しないことです。

⑤利益を生み出す仕組みづくり

飲食店のオーナー、あるいはこれからお店出そうとする人に関していえば、大きく売上を稼ぐのではなくて、利益をきちんと出すというシステムが大切だということを理解することがぜひとも必要なのです。

もちろん、これを実現するには、１、2章で述べたような仕組みが不可欠です。

仕組みなしでやろうとすれば、重要な従業員がいなくなったり、ちゃんとした料理が出なかったり、お客様を待たせてしまったりということになってしまうからです。

したがって、仕組みをつくり、仕組みができた段階で送客サイトや広告をやめてしまうのです。それまでは、従来どおりの売上を頑張って確保しなければなりません。

ただ、３か月で仕組みをつくるのか、１か月でつくるのかでは、大きな差が生じます。１か月でつくれれば、それだけ利益が増えるのですから、当然、そのほうがいいということになります。

⑥仕組みの根幹はやめるサービス

「仕組み」は、簡単にいえば、やめるサービスです。

サービスやめれば、人件費が削れます。ホスピタリティという考え方をやめてしまえば、その面からも人件費が削れます。コックレスにすれば、高い従業員がいらなくなります。仕入のバリエーションを絞り込み、様々なコースをやめてしまえば、食材コストも減ります。

もっとも、コース数やメニュー数を減らしているように見えては困るので、簡単にできるバリエーションをつけるわけです。

しかも、それは、自店の冷蔵庫にあるものでやるのです。おうどんのほかに素麺ぐらいなら置いてもいいかもしれません。お客様が自分でやってくれるようなもの、例えばお鍋が終わった後に、乾麺だったらインスタントラーメン1個１００円ですといった具合です。

1個50円で仕入れ、ポンと袋ごと出せば、お客様がバリッと開けて入れてくれます。これでプラス50円の利益になるわけです。端的にいえば、そういうふうな仕組みです。単純で、簡単で、きょうから始められて、最終的には利益につながります。

それができ上がれば、送客サイトに頼らなくてもやれると思います。

5　予約商売の実現

①稼げる曜日は限定されている

これから外食店が生き残るもう１つ重要なファクターは、予約商売が実現できるかどうかです。

筆者のお店の経営論は、前年対比の売上にこだわらない、新規客をたくさん取ろうということにこだわらない、売上をガンガン上げようということにこだわらないという考え方がベースにあります。


それを極端に表現すれば、忙しくない日は休んでしまえばいいという考えに行き着きます。

例えば、１章でも触れましたが、１週間のうち本当に忙しいのは、飲食屋なら木・金・土曜日、特に金・土曜日でしょう。下手をしたら、金曜日だけかもしれません。ロードサイドのお店なら土・日曜日だけでしょう。

したがって、残りの月～金曜日は、休んだらどうなるのかなと提案しているわけです。

②12月の土・日曜日だけの営業でも成り立つ

もっと極端にいえば、12月の土・日曜日だけ営業すればどうなるかということです。

その場合、他の月は、かかるのは家賃だけです。

例えば、月に30万円の家賃を払っているとすると、他に水道光熱費などの基本的な料金はかかりますが、従業員がいなければ、それ以外はほとんどかかりません。

ですから、もし年間家賃360万円分を12月の土・日曜日だけで稼げるのであれば、他の月はやらなくていいことになります。

12月だけで3000万円売り上げる自信があります、原価率・FLコストは40％ですということであれば、60％、つまり1800万円が粗利になります。1800万円の粗利から家賃の360万円を引くと、残りは1440万円です。水道光熱費は1か月分ですから、どんなに使っても1店舗で100万円は超えないでしょう。となると、1300万円ぐらいの利益が出るかもしれません。

人手の問題については、そのときだけ、パート・アルバイトが確保できるのであれば、それを活用すれば、夫婦2人で1000万円以上稼げるかもしれません。

パート・アルバイトの確保が難しいというのであれば、自分のお父さん・お母さん、奥さんのお父さん・お母さんも引っ張ってきて、一族郎党親戚全員で1軒の店をまわすことも可能でしょう。

もちろん、サービスもやめ、人材教育もやめ、ホスピタリティもやめてしまうわけですが、従業員を常時雇用しなくてもよくなりますから、人件費はうんと削減できます。

もっとも、キッチンレスは、１軒だけの経営では少し難しいところもありますが、ミニキッチンで対応できるようなメニューづくりができれば、非常にシンプルな商売ができます。

しかし、従業員が何人もいるとなれば、他の月も商売しないわけにはいきません。平日もお客様を呼ばなくてはいけなくなってしまうわけです。

なぜなら、月々の売上を上げ、人件費を出さなければならないからです。

ところが、ＦＬコストは40％に抑えましょう、料理人はいりません、パートの方だけでいいということになれば、12月だけなら友達の奥さんとか、友達のお母さんに手伝いに来てもらうことは可能でしょう。

それも通常の時給は９００円のところ、12月の土・日曜日全部出てくれたら３０００円出すからといえば、皆来てくれるでしょう。

主婦、スーパーで仕込みのバイトをしたことのある方、若いときに外食でバイトしたことがある男性の方なら、サービスができ、料理も提供できます。

このように、12月の土・日曜日だけの営業で、もしかしたら1年間のうち11か月休んでいられるとの計算が成り立ちます。

現実に、筆者の１００席ある店舗でも、平日の来店は３～５名とガラガラなので、日～木曜日は休み、金・土曜日だけやっているところがあるのです。それでも、1年トータルすれば、そのお店1軒で200万円ぐらいの利益が出ています。いろんなものをコントロールすれば、できてしまうのです。

このように、金・土曜日だけで商売が成り立つとするならば、極端な例ですが、平日は休んでもいいくらいのシステムや考え方がもてるわけです。そうしてしまえば、料理長もいない、店長は元々いないわけですから。すごく楽です。

それを延長していけば、12月の営業だけで他の月は休んでもいいという発想は可能です。従業員には、「君たち12月だけくればOK。そのかわり30日間休みなしだよ」とやれば、1年間に11か月間休みで1年分の給料をくれるということで喜ぶことでしょう。

③予約商売は多大のメリット

極端な例ですが、どういう意味かというと、お客様が集中的に入る曜日に対して重点的にものを考えなさいと訴えているのです。

どういうことかといえば、12月の金・土曜日は、大概の店が埋まるわけです。一杯になるのです。一杯になるのは、フリーのお客様ではありません。予約のお客様です。さすがに12月は、どんなお客様でも、平日は予約なしでいけるかもしれないと出る人もいるでしょうが、2週・3週あたりの金・土日曜日ともなれば予約なしで出る勇気はないようです。

したがって、大概のお店が、12月の金・土曜日は予約で埋まるのです。

ところで、この予約商売というのは、すごいメリットがあります。それはわかっているけれども、「当店は、予約でしかお客様はとりません」「お越しになる場合は、必ず予約してください」などといった偉そうな商売をすればお客様が来なくなるのではという不安をもたれるかもしれませんが、いいのです。元々平日はゼロでもいいと腹をくくって、計算づくでやっていますから、来なくてもいいのです。

当然のことながら、予約商売は、最初から来る人数がわかっていることで大きなメリットがあります。

明日は30人しか来店しないということがわかっているとすれば、前もって必要な従業員数が計算ができ、不必要な従業員を休ませることができます。社長である自分が休んでもいいのです。そうした調整ができます。仕入も腐らせないですみます。

出るか出ないかもわからないのに、本日のお勧めとしてて、複雑なアラカルトを何十種類も用意したり、立派なお魚やお肉を仕入れてムダにするというような心配から解放されるのです。

例えば、生牡蠣とかは、時間との勝負です。そういったものを余分に仕入れなくてすむんです。

したがって、予約商売というのは、すごく楽なのです。

予約商売は楽だとわかっているけれども、やれないと考えておられることでしょう。

しかし、金・土曜日だけはやろうと考えてシステムを構築すれば、予約商売にシフトできてしまうのです。

きょう何人来るかはわかっていますから、その分だけ仕込めばいいのです。

お客様の注文が入って、その場でアラカルトをつくって提供しようとするから料理人が必要になったり、複雑な手順が必要になったり、複雑なサービスが必要になるのです。

が、その場では一切やらないのです。全部コースで、コースのAから始まってZまで、昼間のうちにパートの女性や男性が全部仕込んで、全部冷蔵庫に入れてあります。後は、サービスの人間が提供するだけですから、すべて対処できてしまうわけです。

このシステムは、もちろん予約なしの場合も有用ですが、もしこれが予約だけでシフトできれば、こんなに楽なことはありません。

④1年を100日で暮らす

逆にいえば、金・土曜日だけ開けて、しかも予約だけで商売するとすれば、それでいったい月にいくらの売上になるか、1年間でいくらの売上になるかと考えた場合、前年対比で40％なのか、あるいは30％なのかということです。

もちろん、1年間通すと当然平日のほうが圧倒的に多いわけです。365日のうち金・土曜日は

１００日あるかないかです。残りの２６０日は、平日です。

その２６０日間の売上と、金・土曜日の１００日間の売上とどちらが大きいのかということですが、筆者の店の場合は、１００日間の売上のほうが圧倒的に多いのです。全体の50％を超えている店も少なくないと思います。

もちろん、条件によっては変わりますが、繁忙日、繁忙期の売上が全体の60％ぐらいあるという店が多いのです。ということは、平日ずっと閉めても売上は40％しか減らないのです。

これを実施すれば、週休５日の会社ができあがります。

従業員は、喜びます。もし、計算が合うのであれば、従業員を何人か雇えばいいし、計算が合わないのであればパート・アルバイトでまわすことも可能でしょう。その場合、時給を上げれば定着率も高まるなど、いくらでもバリエーションがききます。

一番忙しい忘年会シーズンの金・土曜日だけ開けるなどというわがままな商売も不可能ではないということです。

もちろん、これは極端な例であり、連日休んでいるとお客様に忘れられてしまわないかという心配もありますが、これを地方でやったら案外話題になるかもしれません。

いずれにしても予約商売は、自分も楽になる、従業員も楽になる、仕入も減る、腐る食材の量も減る、提供スピードも上がる、予約制で人数が決まっているからロスは極端に減るといった様々なメリットがあります。

したがって、なるべく予約商売にシフトすることをお勧めしているわけです。

とはいえ、アラカルトをやめてしまうとか、フリーのお客様を取らないということは、勇気のいることです。

常々、売上を上げたいと考えていれば、フリーで目の前を歩いていてポッって入ってくれるお客様を取りたい、気が向いてポッって寄ってくれるお客様が取りたいと思うのは、当然のことです。しかし、同時に、それが割に合うかどうかだけは計算してほしいのです。もし、自店の売上が、金・土曜日だけで全体の４割、５割を超えていたら、他の日の営業はやめてしまってもいいかもしれません。

これは、顧客満足度やお客様の評判を下げるかもしれませんが、上げるかもしれません。それは、やってみないことにはわからないことです。そう考えていけば、効率のよい商売をするためには、なるべく予約商売にシフトすべきだということになります。

⑤予約商売＝殿様商売の概念を払拭

ところで、予約商売というと殿様商売というイメージにつながるのではと心配する向きも多いことでしょう。

しかし、これは、売り方なのです。したがって、「当店は食材にこだわっています」「お客様に新鮮ないいものをお届けしたいので予約でやらせていただいています」と謳えば、殿様商売には聞こえないでしょう。すなわち、言い方1つで、お客様が喜んでくださるような形にシフトしていくこともできるのです。

土・日曜日だけの営業の場合も、「当店はこだわりがあって他の曜日は休んでおります」とか、あるいは冗談っぽく、「当社は週休5日制を実行しているため、週に2日しか開業できません」というようなスタンスも、お客様には喜んでいただけるでしょうし、決してお客様に対して不遜な態度をとっているという印象は与えないで済むと思います。

そんな心配よりも得られるメリットのほうが格段に大きいのです。多少売上を落としても、多少顧客数を減らしても、圧倒的なメリットがあるはずです。

その辺の計算をきちんとやり、予約だけにシフトする、予約をたくさん増やすような形をとる方向へもっていくべきなのです。

⑥予約特典をつける

その方策としては、例えば、予約特典、早期予約特典などを設ける手もあります。

この段階では、従業員も減り、キッチンのシステムなども大きく変わっており、提供方法も変わり、FLもグンと下がっていて、会社はシンプルになっていますから、サービスできる余裕が生まれているはずです。

ＦＬが60％であったときと40％に下がったときとを比較すれば、20％の余裕が生じています。

それは、１００万円の売上でいえば20万円、５００万円の売上であれば１００万円の余裕ということになります。

となれば、それをお客様に還元してあげることもできてくるわけです。

たとえば、「予約していただけるとアワビが1人1個付きますよ」といった具合です。

アワビ1個の仕入値が３５０円とすれば、３５００円のコースなら３５０円のものを付けても、20％の余裕があるのですから10％の利益は確保できるわけです。

「1か月以上前に予約していただければアワビ1個付けます」といわれたら、飲みに行くのが決まっているお客様は、きっと予約を入れてくれることでしょう。

もちろん、こういうときは、よいものを付けることが大切です。

ただし、なるべくシンプルに、オプションで増やすときには手間のかからないものにする必要があります。

お客様にバリエーションを選ばせてはダメなのです。お刺身でも、バター焼きでも、踊り焼きでもいいですよというようなことをやり始めると、複雑化して、結局はコストアップにつながるからです。

アワビを例に取れば、コンロで焼いて、活きがよく動くところをご覧くださいとやれば簡単です。

予約なら、毎日人数がわかっていますから、その数を買って、コンロに乗せて出せばいいのです。シンプルなわけです。

このように考えれば、予約商売にシフトするというのは、難しいことではなくて、やればものすごく楽になるのです。コントロールできるファクターの数がまた増えるわけです。

食材を仕入れる量が好例です。お客様は50人とわかっているのに１００人分の玉葱を仕入れる人はいません。50人分の玉葱でいいのです。

心配であれば、51人分仕入れておけばいいのです。場合によっては、55人分でもいいのです。それでも、ロスは極端に減ります。

１００人来るかもしれないということで１００人分用意しておいたのが50人しか来なくて半分ムダになるケースを考えれば、50人来ることがわかっていて55人分用意した場合は、45％のコストカットできるわけです。

もっとも、これは、繰り返しますが、売上が落ちてもいいという認識に基づいているからできることです。それがなければ、できない作業ということになります。

参考資料①

エンジェルゲート事業の推進

1400兆円といわれる個人金融資産の約6割以上が60歳以上の高齢者が所有しているといわれており、今後の日本経済を活性化させるには、この金融資産を流動化させ次世代への活力へと還流する必要があります。

エンジェルゲートは、「資金・経験を持っている世代」の有形無形の財産を「夢・希望のある世代」へ、自身で夢を追いかけるには年齢的・環境的に難しい人達に「夢を追いかける若人を応援する」という生き甲斐と、「伝えたい」「残したい」「教えたい」という生き甲斐を同時に実現する、それがエンジェルゲートの社会的意義です。

エンジェルゲートでは、支援を受けた若者が、定期的に現在の進捗・悩みなどをエンジェルに報告・相談できる場を設けることにより、出資者という面のみならず、メンターとして出資者の方々の豊富な経験・知恵を伝承することが可能となります。

一方、出資者が「夢追い人の生の姿」を体感できる場を持つことは、出資者（エンジェル）にとって、再考の生き甲斐となります。

それは、さながらノンフィクション・ドキュメントであり、完璧な補完関係にある両者の関係は凍りついた日本の金融資産を新たな方向へと導くきっかけになるでしょう。

そして、それは、新たな雇用を生み出すことへと直結し、疲弊した日本を活性化させる源となります。

●就業者

外食店舗で継続的に利益を出すのは容易ではありません。リスクが高いのです。

この出店リスクの高い外食事業において、出店の経験がない若者に多額の保証金・内装・設備など投資をさせ独立させることを私達は良しと考えていません。

エンジェルゲートが、出店してみないと成功するか失敗するかわからないという最大のリスクを背負い、不必要な「不幸者」を減らしていきたいと考えています。

出店してみなければ成功の可否はわからないのは事実です。しかし、その確立を上げることは可能です。

それは、私達エンジェルゲートが数多くの出店を一括して行うことにより、豊富なマーケティングデータの蓄積・多店舗出店によるリスク分散による回避を行い、実際に運営していて利益が上がっている店舗を廉価で夢のある独立希望者に譲渡していきます。

つまり、安定軌道に乗った店舗を「引き継ぐ」ことにより、独立希望者のリスクを極小化させることが可能となるのです。

エンジェルゲートは将来ある若者の夢を実現する為にリスクを負い、夢のある若者を応援したいと考えるエンジェルの方々との架け橋となります。

加えて、飲食店経営では「人材採用と教育」が大きな成功要因となりますが、エンジェルゲートが「働きたい場所＝独立の夢が叶う場所」に変えることにより、モチベーションはアップし、より成功の確率は高まることになります。

それは、「ジャパニーズ・ドリーム」を生み出すことになるでしょう。

そして、エンジェルゲートを通過して「ジャパニーズ・ドリーム」を実現した若者には、その次の世代へ資金・経験を還流することを義務付けます。

彼らが次世代のエンジェルとなることでこの良い流れを止めることなく継続的に成功の歯車を動かしていけるのが　エンジェルゲートです。

●生産者

日本は多くの資源を輸入に頼っています。「食」も例外ではありません。「日本の食」の自給率はカロリーベースで約４割程度。「日本の食」はまさに危機な状態となっています。

将来が描けないが故に農業に従事する若者も増える兆しがありません。

私達は、産地と直結することによる中間マージンをカットし、外食店舗の本来あるべき姿の「生産小売業態」を展開します。

産地を支援する「売る力」を持つ外食店舗を運営することによる生産者の収入アップと消費者の声をダイレクトに生産者に還元することで実現する生産者のモチベーションアップとマーケティング機能の向上を行い、日本の疲弊した一次産業を復活させます。

●世界に誇れる「おもてなし」の輸出

昨今、報道を賑わす「日の丸製造業」の凋落ぶりは、今後の日本の将来を心配せずにはいられません。

これからの日本は、三次産業であるサービス業の成長が必須の課題であり、日本が世界に誇る「おもてなし」「侘び寂び」「癒し」に誇りと自信を持ち、それを世界に提案していかなければなりません。

エンジェルゲートは、次世代に日本が誇れる「サービス業」の育成とその輸出をミッションとすることにより、日本の二次産業偏重型の経済から三次産業重要視型の経済へと日本を変革してまいります。

参考資料②

新しい飲食店の概要

新しいサービス業

実際に運営されたこともない、実践的でない事業など無意味です。

この本に書かれた内容は、全て実践され成果を残したものです。

実践例をご覧ください。

新時代到来 →

目まぐるしく移り変わる時代を把握し、生き抜くための小さな第一歩は
現状を受け入れることです。

SB&NW [PS_Packaging Suport]

現状の問題把握はWIN×WINへの第一歩

[時代背景]

旧型体質の崩壊

既存の旧型FC店やチェーン店のシステムが老朽化し、
新時代についていけなくなってしまった。
旧型店は店舗の運営の効率化と人件費コストの削減に固執したため、
店舗の特徴や個性を出せないでいる。
逆に言えば、そうした特色や個性を完全に排除することで、
画一された規格型店舗を一気に大量に展開することを可能にしてきた。
しかし、時代（顧客ニーズ）は、それらのシステムに飽きてしまい、
新しい店舗を求め始めている。（=地域密着型や個人経営による個性）

しかし、この新しいニーズは飲食業界にとって大きな弊害ももたらしている。
それが飲食不況・景気の低迷によって業界が大きく縮小する中での
「コストダウン問題」である。
大型店や旧型FCは、徹底した人件費管理や大量仕入れ、食材コストの管理によって
コストダウンを可能にしたが、個人店や小型店は、こうしたコストダウンが全く計れず、
コストの垂れ流し状態が続いている。

[大型グループ店の問題]

○経営管理&コスト管理に対する意識の低さ
○組織作りやシステムの完全欠落
○5〜10年といった中長期ビジョンが全くない
○1000店舗を一斉に新装するためには、500億の投資が必要
（1店舗当たり5000万円×1000店）
○巨体の方向転換がおぼつかない

Problem

[個人店の問題]

○新時代の顧客ニーズに合った店舗に改装したくても、資金がない
○類似店舗を近隣に展開したくても人材の教育システムがない
○売り上げの減少が続いている
○現状は新規出店希望者が融資を受けられない
○顧客ニーズの多様化・複雑化・急速な変化に対応した
メニュー開発ができない
○個性の喪失…何屋かわからない

新規事業としての飲食店の魅力低下に繋がっている

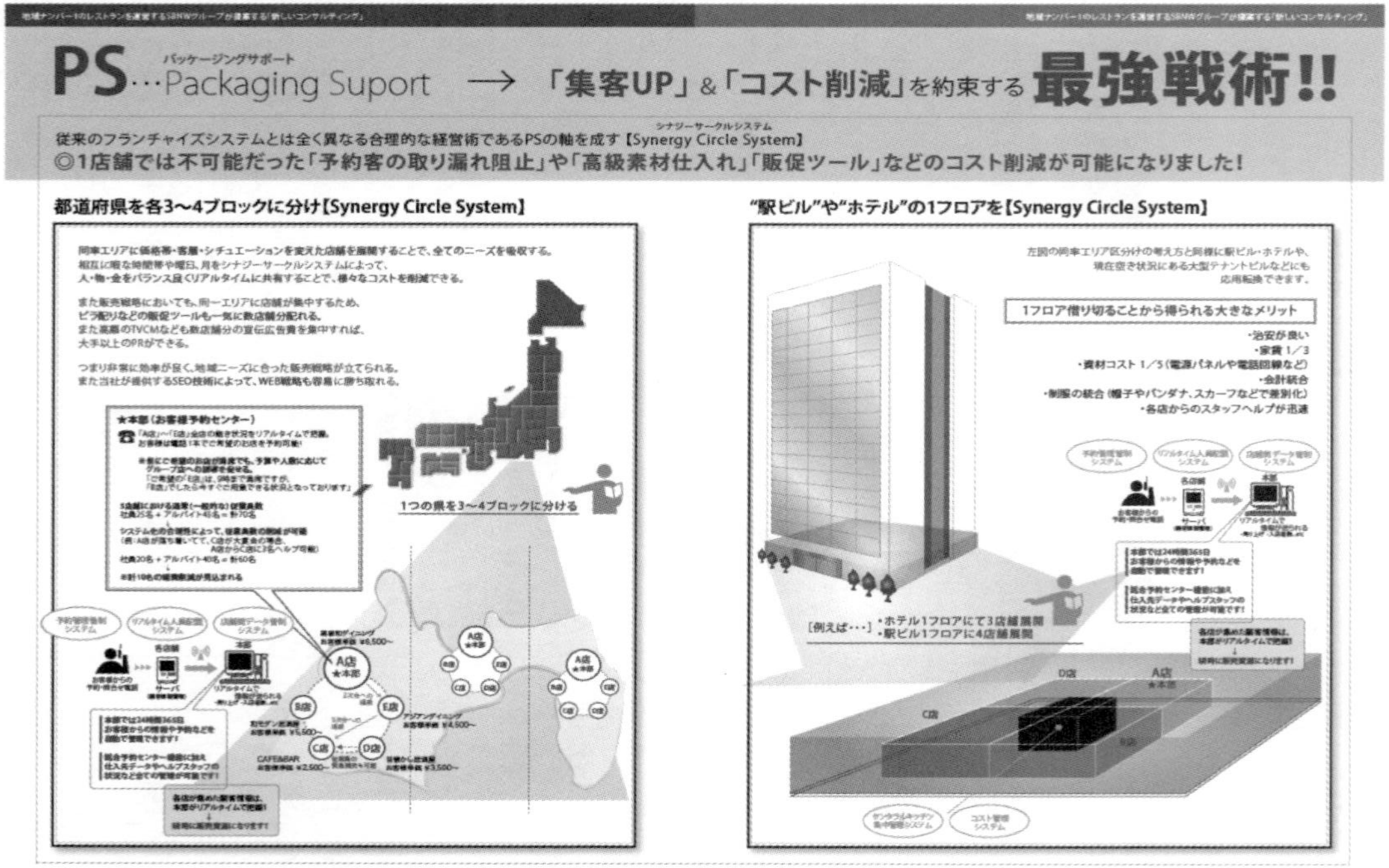

PS…Packaging Suport《パッケージングサポート》 → 「集客UP」&「コスト削減」を約束する 最強戦術!!
従来のフランチャイズシステムとは全く異なる合理的な経営術であるPSの軸を成す【Synergy Circle System《シナジーサークルシステム》】
◎1店舗では不可能だった「予約客の取り漏れ阻止」や「高級素材仕入れ」「販促ツール」などのコスト削減が可能になりました!
都道府県を各3〜4ブロックに分け【Synergy Circle System】
同車エリアに価格帯・客層・シチュエーションを変えた店舗を展開することで、全てのニーズを吸収する。
相互に暇な時間帯や曜日、月をシナジーサークルシステムによって、
人・物・金をバランス良くリアルタイムに共有することで、様々なコストを削減できる。
また販売戦略においても、同一エリアに店舗が集中するため、
ビラ配りなどの販促ツールも一気に数店舗分配れる。
また高額のTVCMなども数店舗分の宣伝広告費を集中すれば、
大手以上のPRができる。
つまり非常に効率が良く、地域ニーズに合った販売戦略が立てられる。
また当社が提供するSEO技術によって、WEB戦略も容易に勝ち取れる。
★本部（お客様予約センター）
1つの県を3〜4ブロックに分ける
“駅ビル”や“ホテル”の1フロアを【Synergy Circle System】
左図の同車エリア区分けの考え方と同様に駅ビル・ホテルや、
現在空き状況にある大型テナントビルなどにも
応用転換できます。
1フロア借り切ることから得られる大きなメリット
・治安が良い
・家賃 1/3
・資材コスト 1/5（電源パネルや電話回線など）
・会計統合
・制服の統合（帽子やバンダナ、スカーフなどで差別化）
・各店からのスタッフヘルプが迅速
[例えば・・・] ・ホテル1フロアにて3店舗展開
・駅ビル1フロアに4店舗展開

Wa Yo Dining

花壇

kadan

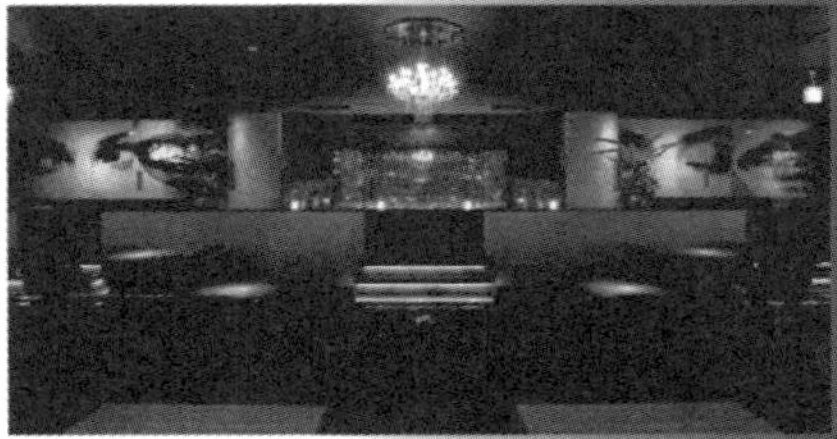

グループのフラッグシップとも言える、ネオモダンスタイルの居酒屋で、
低コスト・高利益・高集客力をあわせ持つ非常に魅力的な大型店舗です。

高級感に溢れる店内・100種類を超えるカクテル・本格的和食からエスニックやフレンチまで
時代に合った最先端の料理レシピを提案できます。
商品提供のノウハウや提供速度もグループNo.1で、客単価も￥3,000－以内に抑え込み若年層のお客様から
雰囲気を重視される高年齢層まで満足させる店舗です。
また、各地域に不足がちな大規模宴会場としても活躍でき、今までホテルのバンケットや
結婚式場等でしか開けなかった大型宴会やパーティーを、
お洒落な空間でしかも低価格で提供できるため、宴会費用削減のニーズにズバリと適合します。

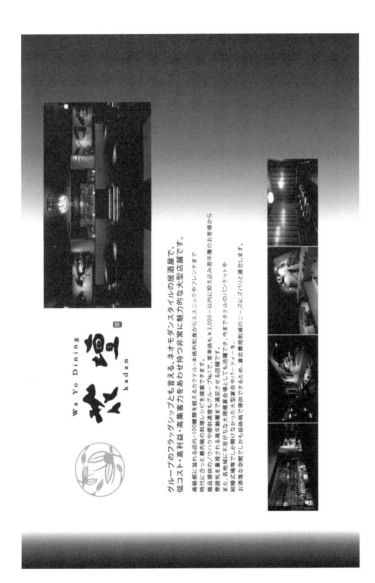

風味絶佳《ふうみぜっか》

FU-MI ZEKKA

筆舌に尽くしがたい程の
美味しさの意

本格和食とパシフィックキュイジーヌを提供できる
グループ最高単価を誇る地域一番店です。

どんな時代でも美食を求める層は飲食代を惜しみません。
そんなグルメ志向のお客様を満足させる美食レシピを提供します。
眩い光に満ち溢れた店内と豪華な完全個室やハイセンスなカップル個室など
地域に必ず潜在する高単価層を強く集客できます。
また「いつかは行ってみたい」と地域の憧れの店舗として君臨し、オーナー企業のイメージを大きくアップさせ、
この店舗を経営することがステイタスとなります。
接待や慶弔、記念日から合コンまでニーズは事欠きません。

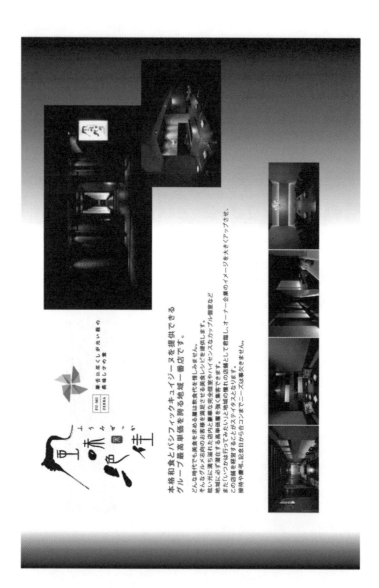

京風龍蒸庵
いもくりなんきん
IMO KURI NANKIN
その名の通り、素材そのものを活かした心と体にやさしいお店でありつずけたい・・・
そんな想いから「いもくりなんきん」は生まれました。
健康志向が熱を帯びる現代、籠蒸しのお料理を中心に地域密着型料理レシピをご用意いたしております。
今、大流行の蒸し料理の先駆けとも言えるメニューは煩雑な料理の手間を極限まで省き、
提供速度を高めつつもシズル感をお客様に感じていただけます。
女性客から圧倒的な支持を得て、季節や曜日、また景気に影響されにくく、通年安定した売り上げを上げることが可能です。
この店舗は京都の町屋をイメージしており小規模の出店が可能な店舗スタイルです。
そのため、出店エリアや立地を選びません。
当グループの初号スタイルでもあり、提供ノウハウや管理・運営ノウハウも充実し、明日からでも運営していただけます。
モダンな個室は女性の会話も弾み、長い滞在時間と高い顧客満足度を誇ります。

えびかにいかたこ

EBI
KANI
TAKOIKA

懐かし海の家

いけすに踊る新鮮活魚、年中常夏 レトロ空間。
ここは懐かし海の家

どこか懐かしいノスタルジックな空間は、高齢層のお客様から若年層のお客様に至る幅広い顧客層に支持され、サラリーマンから家族連れ、女性同士やカップルとお客様を選びません。

また、海の家を意識した内装で、大中小の個室を完備し、客単価も¥3,000ー前後に抑えているため、街中でも郊外でも、またランチから深夜まで営業時間も選べます。

不況下の現在、イニシャルコストも低く、集客力の強いこのスタイルは運営リスクが極めて低い店舗スタイルと言えます。

同価格帯の競合他店舗と違い手作り感に溢れ、オリジナリティーも高い商品を低コストで、しかも素早く提供できるノウハウです。

活魚水槽を備え新鮮でサプライズ感に富んだ居酒屋料理レシピを提供いたします。

親しみやすいイメージキャラクターのグッズを求めて、女性やお子様のリピート率も非常に高いユニークな店舗スタイルです。

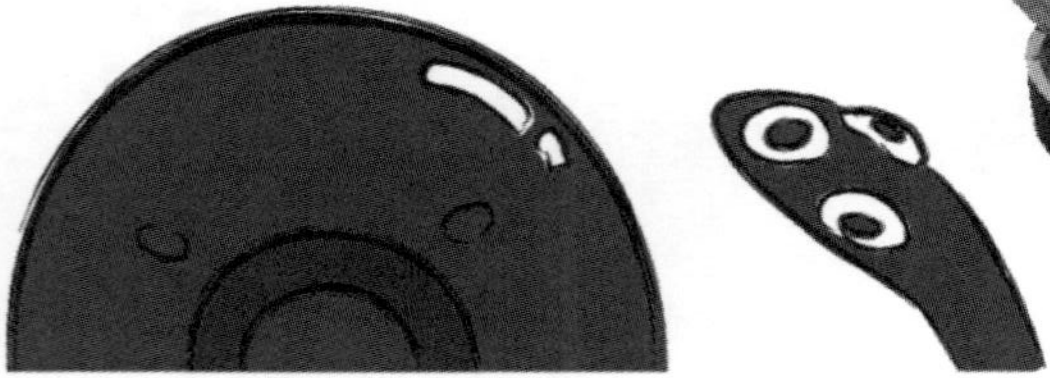

当社が誇る最高の商品！
これこそが大不況時代を乗り切るための最強のツールです。

多店舗同時出店によるシナジーサークルシステム

①初期の投資コストを15％～60％も引き下げることが可能です。
　＊当社には革新的リノベーション技術があります。

②人員配置・人員投入量・予約・集客・販売管理・仕入れ・仕分け・・・・
現場で起きる全ての事象をリアルタイムに把握し、その都度最も効率的な方法を選択し迅速かつ的確に対処できる。しかも、それらの機能を本部に居ながら一元管理できます。

＊予約管理管制システム
＊リアルタイム人員配置システム
＊店舗間データ管制システム
＊セントラルキッチン集中管制システム
＊コスト管理システム

これらは革新的システムであり、当社内に直轄の
様々な部門が在るからこそ開発可能なノウハウであり、
他社の追随を許さない技術です。

実績に基づくコスト検証

当社直営店「Wa Yo Dinning 花壇」の実績と共に
シナジーサークル型での出店コスト検証をシミュレーション。

> Don't put on a bold front, and stop to take a breath.
> Then, enjoy creating business more than anything else.
> You know, no one won't be excited if you can't enjoy business...
>
> You can't say it's a "business" without pleasure!

自社の売上実績を基にシュミレーションの妥当性を検証

当社第12期の予測（花壇）

売上高	150,000	千円
売上原価	36,316	千円
売上総利益	113,684	千円
販売費及び一般管理費	76,887	千円
営業利益	36,797	千円

<FCシュミレーション>

加盟金	1店舗当り＝@500千円
システム使用料/月	(本部＝@100千円)＋(1店舗当り＝@100千円)
管理費用/月	月売上高＝1%
SEO/月	5店舗当り＝@300千円
季節メニュー	1回当り(年4回予定)＝200千円＋店舗数×部数×10千円

<1店舗当りの年間負担金額>

加盟金	500	千円
システム使用料	1,500	千円
管理費用	1,500	千円
SEO	900	千円
季節メニュー(15部)	800	千円
計	5,200	千円

1店舗当り

売上高	150,000	千円
売上原価	36,316	千円
売上総利益	113,684	千円
販売費及び一般管理費	76,887	千円
営業利益	36,797	千円
FC負担金	5,200	千円
実質営業利益	31,597	
※FC負担金/売上高＝	3.5%	

単独出店とシナジーサークル型出店のコスト比較

（千円）

5店舗出店

単独出店の場合

	A店	B店	C店	D店	E店	合計
客席	50席	100席	90席	180席	40席	
価格設定	5500円	3500円	6500円	2500円	3000円	
建築費	13,000	14,000	30,000	40,000	3,000	100,000
厨房設備	3,000	4,000	5,000	8,000	1,000	21,000
売上	6,000	8,000	10,000	14,000	1,200	39,200
①売上原価	1,800	2,200	3,300	3,500	300	11,100
原価率	30%	28%	33%	25%	25%	28%
②人件費	1,600	2,200	2,900	3,700	400	10,800
人件費率	27%	28%	29%	26%	33%	28%
③店舗管理費	600	700	900	1,400	200	3,800
	10%	9%	9%	10%	17%	10%
①+②+③計	4,000	5,100	7,100	8,600	900	25,700

シナジーサークル型出店の場合

	A店	B店	C店	D店	E店	合計		
客席	50席	100席	90席	180席	40席			
価格設定	5500円	3500円	6500円	2500円	3000円			
建築費	13,000	14,000	30,000	40,000	3,000	100,000	セントラルキッチン	
厨房設備						15,000	△6,000	
売上	6,000	8,000	10,000	14,000	1,200	39,200		
①売上原価	1,620	1,980	2,970	3,150	270	9,990	△1,110	10%減
原価率	27%	25%	30%	23%	23%	25%	食材一括仕入・集中管理	
②人件費	1,360	1,870	2,465	3,145	340	9,180	△1,620	15%減
人件費率	23%	23%	25%	22%	28%	23%	店舗間協調型人材配置	
③店舗管理費	540	630	810	1,260	180	3,420	△380	10%減
	9%	8%	8%	9%	15%	9%	宣伝広告の集中　など	
①+②+③計	3,520	4,480	6,245	7,555	790	22,590	△3,110	12%減

初期費用 ＋ 運営コスト　△12,220

2店舗出店

	A店	B店	C店	D店	E店	合計
①+②+③計	4,000	5,100	-	-	-	9,100

	A店	B店	C店	D店	E店	合計		
①+②+③計	3,520	4,480	-	-	-	8,000	△1,100	12%減

3店舗出店

	A店	B店	C店	D店	E店	合計
①+②+③計	4,000	5,100	7,100	-	-	16,200

	A店	B店	C店	D店	E店	合計		
①+②+③計	3,520	4,480	6,245	-	-	14,245	△1,955	12%減

4店舗出店

	A店	B店	C店	D店	E店	合計
①+②+③計	4,000	5,100	7,100	8,600	-	24,800

	A店	B店	C店	D店	E店	合計		
①+②+③計	3,520	4,480	6,245	7,555	-	21,800	△3,000	12%減

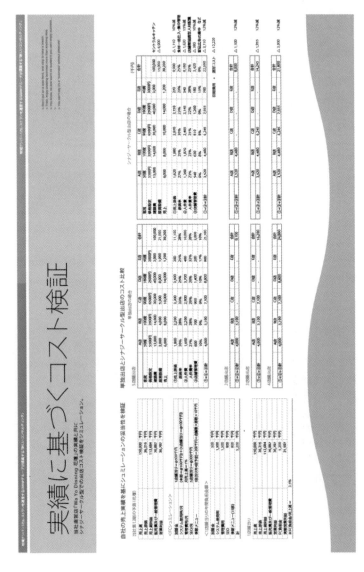

当然、基本的なノウハウの提供も行います。

* ＊店舗コンセプト
* ＊店舗デザイン
* ＊店舗設計・施工
* ＊什器備品提供
* ＊装飾品提供
* ＊店舗運営マニュアル
* ＊店舗管理マニュアル
* ＊店長マニュアル
* ＊接客マニュアル
* ＊教育マニュアル
* ＊衛生管理マニュアル
* ＊管理帳票類
* ＊会計管理帳票類

その他、現在必要とされる運営技術の全てを提供できます。
また、様々なサポートも充実しています。

* ＊メニュー開発・作成・提供
* ＊経営アドバイス
* ＊運営サポート
* ＊人材教育
* ＊財務アシスト
* ＊販売促進・販売戦略・販売戦術
* ＊SEO
* ＊商材調達・ルート提供

数え上げれば限がありません。

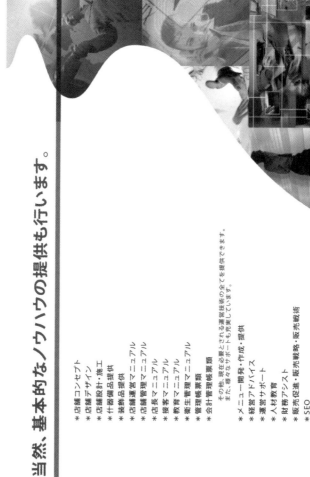

出店計画はリアルタイムに変わります。今年と来年は同じ年ではないのです。

顧客のニーズは刻一刻と変化し、流行も大きく変わります。
通常のFCは時代に対応し、変化する能力が乏しいと言えるでしょう。
それは本部が如何にして儲けるかを追求しているからです。
当然、一度作った店舗デザインやノウハウを何年も流用した方が儲かります。
しかし、当社は楽をして儲けようとは思いません！
オーナー様が儲かる事を追求することが指名と考えます。
それ故、当社が提供する技術が革新的であるにも関わらず、
提供価格は既存のFCコストを大きく下回ります。

そして、何より開店後に集客が無ければ話になりません。

当社のシステムによって事業の効率化によってコストは大幅に下げられます。

それだけでは、我々は不十分だと考えました。

待つのではなく、攻めていきます。

当社のネットワークシステムが、現代のデジタル社会を切り開く協力なツールとなります。

予約の効率化・顧客情報管理の効率化・情報発信など、
今まで煩雑で売り上げに結び付けることが、非常にハイコストであったものを
全て自動で処理し、簡単に情報発信できます。

様々な年齢層や、「男性」「女性」「家族」「個人」「カップル」「記念日」など
あらゆる分類に情報を瞬時に選別し、どのような形式にもカスタマイズできます。

レジで入力した情報が瞬時に販売資源に変わります。

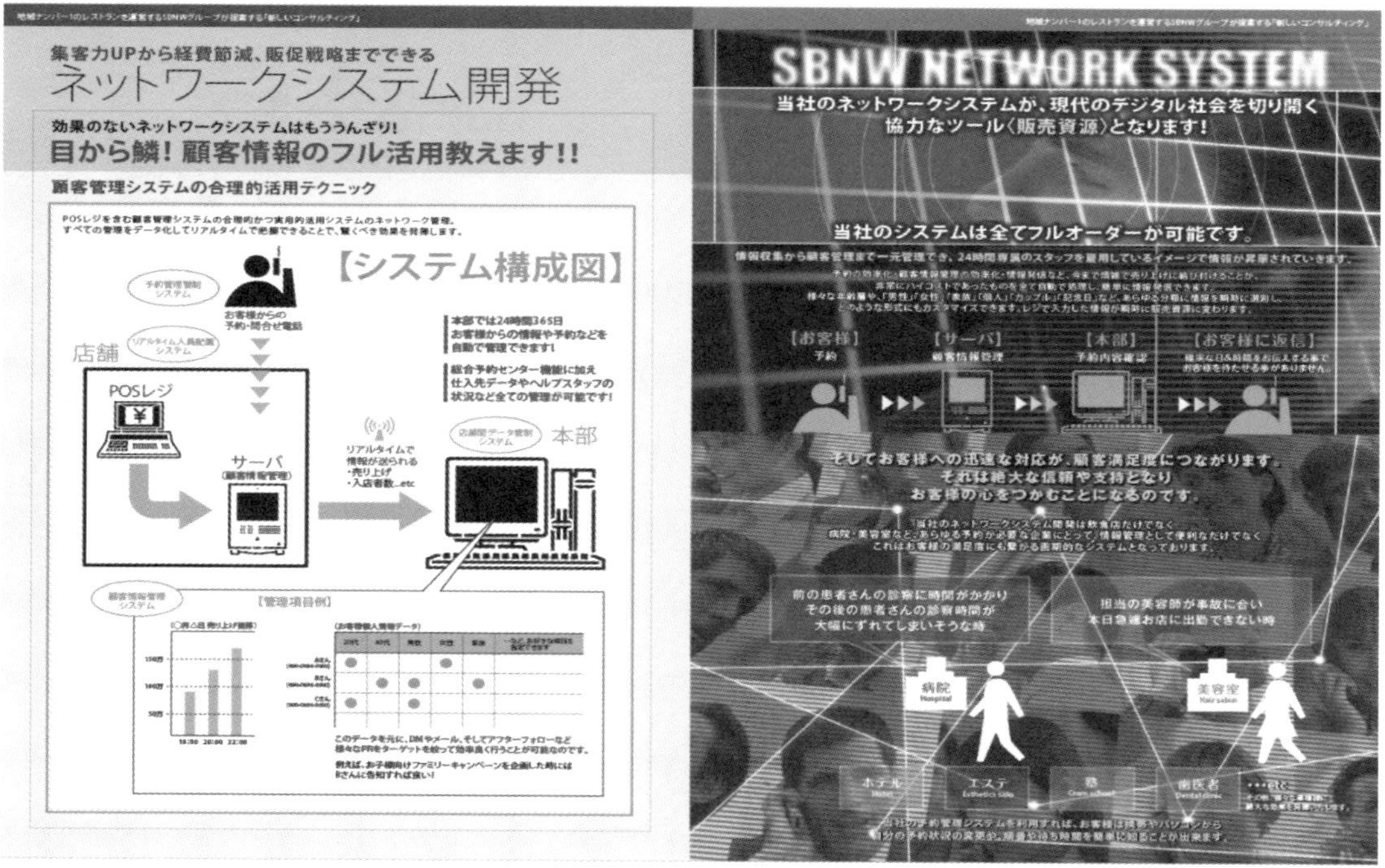
集客力UPから経費節減、販促戦略までできる
ネットワークシステム開発
効果のないネットワークシステムはもううんざり!
目から鱗！顧客情報のフル活用教えます!!
顧客管理システムの合理的活用テクニック
【システム構成図】
店舗
POSレジ
サーバ
本部
本部では24時間365日
お客様からの情報や予約などを
自動で管理できます!
リアルタイムで
情報が送られる
・売り上げ
・入店者数...etc
SBNW NETWORK SYSTEM
当社のネットワークシステムが、現代のデジタル社会を切り開く
協力なツール〈販売資源〉となります!
当社のシステムは全てフルオーダーが可能です。
【お客様】
予約
【サーバ】
顧客情報管理
【本部】
予約内容確認
【お客様に返信】
そしてお客様への迅速な対応が、顧客満足度につながります。
それは絶大な信頼や支持となり
お客様の心をつかむことになるのです。
前の患者さんの診察に時間がかかり
その後の患者さんの診察時間が
大幅にずれてしまいそうな時
担当の美容師が事故に合い
本日急遽お店に出勤できない時
病院
美容室
ホテル
エステ
塾
歯医者

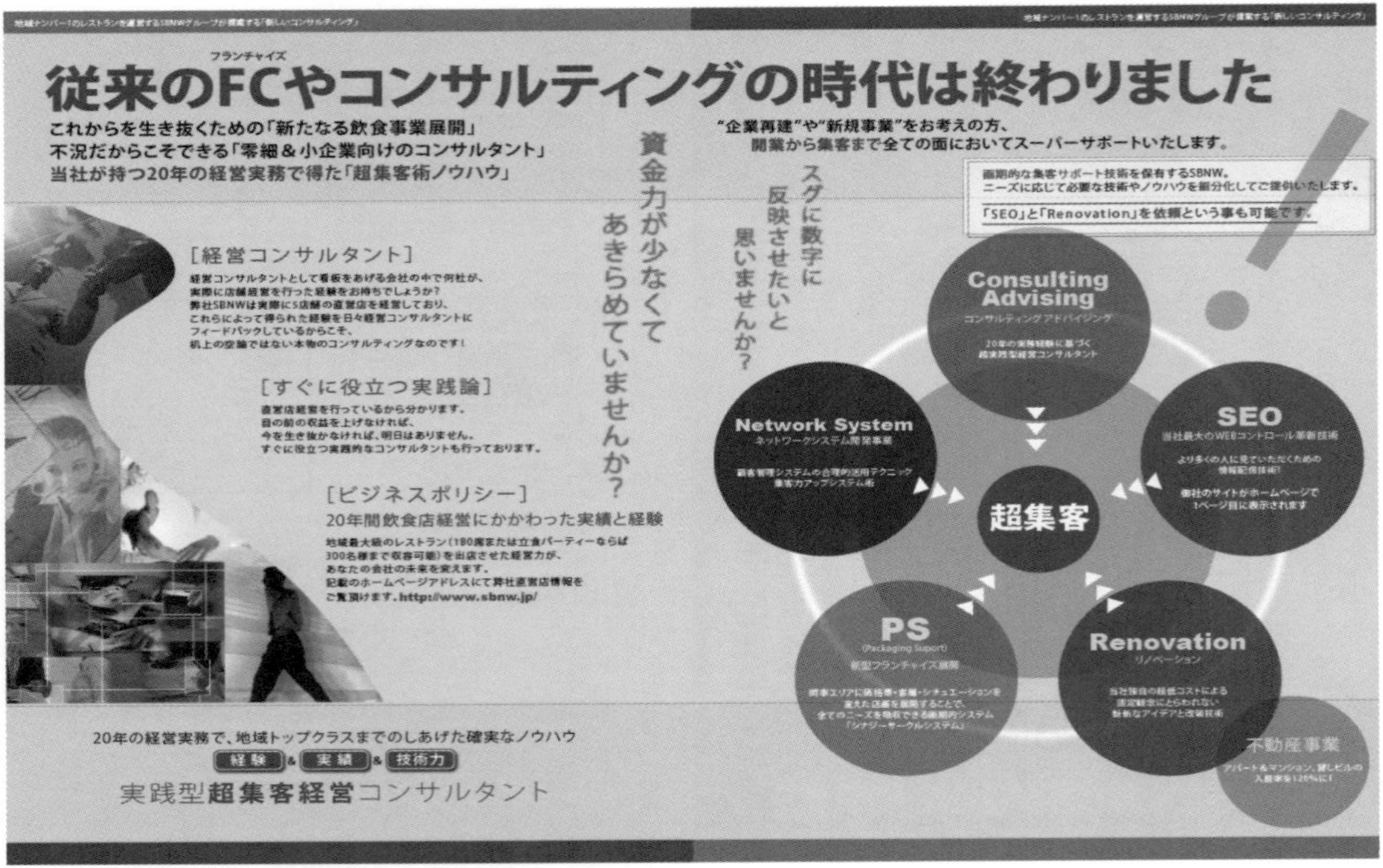
地域ナンバー1のレストランを運営するSBNWグループが提案する「新しいコンサルティング」
従来のFC《フランチャイズ》やコンサルティングの時代は終わりました
これからを生き抜くための「新たなる飲食事業展開」
不況だからこそできる「零細＆小企業向けのコンサルタント」
当社が持つ20年の経営実務で得た「超集客術ノウハウ」
“企業再建”や“新規事業”をお考えの方、
開業から集客まで全ての面においてスーパーサポートいたします。
資金力が少なくて
あきらめていませんか？
スグに数字に
反映させたいと
思いませんか？
画期的な集客サポート技術を保有するSBNW。
ニーズに応じて必要な技術やノウハウを細分化してご提供いたします。
「SEO」と「Renovation」を依頼という事も可能です。
[経営コンサルタント]
経営コンサルタントとして看板をあげる会社の中で何社が、
実際に店舗経営を行った経験をお持ちでしょうか？
弊社SBNWは実際に5店舗の直営店を経営しており、
これらによって得られた経験を日々経営コンサルタントに
フィードバックしているからこそ、
机上の空論ではない本物のコンサルティングなのです！
[すぐに役立つ実践論]
直営店経営を行っているから分かります。
目の前の収益を上げなければ、
今を生き抜かなければ、明日はありません。
すぐに役立つ実践的なコンサルタントも行っております。
[ビジネスポリシー]
20年間飲食店経営にかかわった実績と経験
地域最大級のレストラン(180席または立食パーティーならば
300名様まで収容可能)を出店させた経営力が、
あなたの会社の未来を変えます。
記載のホームページアドレスにて弊社直営店情報を
ご覧頂けます。http://www.sbnw.jp/
Consulting Advising
コンサルティングアドバイジング
Network System
ネットワークシステム開発事業
SEO
より多くの人に見ていただくための
情報配信技術!
御社のサイトがホームページで
1ページ目に表示されます
超集客
PS
(Packaging Suport)
Renovation
リノベーション
不動産事業
20年の経営実務で、地域トップクラスまでのしあげた確実なノウハウ
経験 & 実績 & 技術力
実践型超集客経営コンサルタント

キッチンレスはイニシャルコストも下げることができる

実は、キッチンレスは、ＦＬ（食材仕入れのコストと人件費）だけではなく、イニシャルコストも大きく下げることができるのです。

例えば、いままでであれば、外食産業が物販店の後に進出することはできませんでした。グリーストラップといって排水の設備や非常に大きい配管がないうえ、ビルのオーナーも汚れるとか、臭いが出るとかで嫌がったからです。

ところが、キッチンがなければ、大量のゴミが出ない、油汚れも出ない、煙もほとんど出ない…そうすると外食が物販の後にも出店できるわけです。

物販というのは、一等地にあり、そのくせ外食に比べると家賃が安かったりもします。でも不景気で何年間も空いているという物販店を見かけます。そういうところに出ると、今度は物販と外食が結びついたりすることになります。

しかも、ＦＬ40％の落とし方、レーバーコストの落とし方、これは外食だけにいえることではなく、洋服屋などでも一緒なわけです。

どんな業種でも使えるＦＬ40％の魔法をぜひともご活用ください。

これからの時代のために

これらのノウハウを何のために使うべきか……

これらによって何ができるのか……

現状、長引く不況、震災等の影響で銀行は本来の役割を一切果たさず、銀行から支援を受けられる若者は全くいません。

有能にして努力家、勤勉にして実直、強い責任感と実力を兼ね備えた者は、いまでもいますが、金融機関からの融資が受けられません。

保証人・担保……事業計画や将来性よりも利益一辺倒の現実に、日本の未来には暗雲が垂れこめています。

彼等の能力と強い意志に皆様の応援をミックスすれば凄まじい化学反応を起こします。

その目標のために、エンジェルゲートプロジェクトを始動いたしました。

「若い世代へ」……これは次の世代、未来への繋がりを示唆するとともに、私達は社会を見つめる純粋な目を持っていたいと思っています。

私達は誠実さと強さそして責任感を持ちながら、社会の一員として誇れるような仕事をし次の世代の財産になるものを残していかなければなりません。

私達が取り組むすべての活動や行動にその姿勢を反映させていきたい。事業を通じてすべての人々の本当の幸せを見つけるお手伝いをしていきたいと思っています。

私達はALL WINを目指して邁進します

1、事業を通じて、社会を豊かにすること。

環境エネルギー、内需産業、雇用の3つの分野に革命を起こし、社会的課題を人の　繋がりを通じて解決していくこと。

2、志ある人たちが喜んで働ける社会を創造し、夢と喜びを共有した「チーム」として革新的な仕事をし、社会の公器として売上・利益の増大を約束すること。

3、顧客の要望に応え、顧客を創造すること。

ビジネス遂行上最優先するべきは顧客の利益であり、顧客への貢献の結果、成功を得ていくこと。

私は、事業を通じて関係するすべての方々の明日や未来を幸せにするということをメインテーマに今日を迎えています。

社会に対して、よりよい存在であり続けるため、あらゆる活動を行っています。

その発展的解釈は、単なる事業に収まらない「ヒューマン・エネルギー」を最大化するというものです。

私が大切にしている行動指針は、かつて祖父母や両親・先生・諸先輩から教え伝えられてきたこと「人間として大切なこと」を私達の仲間や後輩へと伝承していくことです。

その教えを体現したい方々と共に働き、共感いただける皆様とよりよい「未来」「幸せ」を実現してまいります。

「経済性のあるリターン」「社会性のあるリターン」を同時に達成できる事業を構築することで私に関わっていただくすべての方々の「世の中のために生きたい」という潜在的な思いを満たしながら自社の成長を確かなものにしていく所存です。

私達の活動を通じて、地球人類の人間性向上のためのよりよい環境をつくり、よりよいきっかけを提供することを希求しています。

10年後、100年後の地球のためにできることから実践する所存です。

エンジェルゲート事業とその推進理由

エンジェルゲート事業とは、実力を持ち、大きな夢を抱いた多くの若者たちの未来のために、ひいては日本の21世紀のために考案されたプロジェクトです。

20世紀に少年少女だったわれわれ21世紀の大人達が、彼らを応援し、彼らと共に大きな夢の実現を体現し、併せて皆様も成功を手にする計画です。

将来に大望を抱く若者たちの中でも特に責任感の強い若者を、私どもの厳格な基準に基づいて選出し、あなた自身の目で確認しながら、成長と成功の過程を共有します。

審査の対象は、60項目以上にわたり、若者たちはFIVE☆を目指し、日々切磋琢磨していくのです。

当グループが直営または支援するレストランで厳しい修行を1～3年間積んだ調理師・サービスマン・ソムリエ・パティシェたちを私どもの厳しい審査に基づいて☆星を1～10の段階に区分し、☆星5以上の者だけを皆様の独立支援の対象者として選出し、直営店のオーナーとして独立の夢をかなえます。

なお、エンジェルゲート事業の推進の詳細については、参考資料①をご覧ください。

改訂版　あとがき

本書を最初に出した日から随分と経ちました。

人も社会も大きく変化しました。

私自身も大きく変化しました。

誰もが日常は変わることなく、同じ日が淡々と続いていくのだと思っていたはずです。

しかし、時代は大きく舵を切って、私たちを激しく荒れる大海に押し出してしまいました。

これまでの価値観など決して通用しない、まるで違う荒海へとです。

昨日と同じ今日が続いていると信じたい人々は、耳を塞ぎ、目を押さえて、変わらぬ日常だと言いながら昨日とは違う景色の中を歩いています。

知っているのに、、、
2019年インフレが来ると発言したとき、
為替は激しく動くと言ったとき、
だれも信じなかった。
でも来てしまった、準備はできていますか？
これは昔の本で、現代の経営の役には立たないでしょう。
ただ、1回、閉じた目を開いて、昔を振り返ってみて今に目を向ける勇気を持ちましょう。

経営者は考えなくてはいけない。
会社の存在意義。
社会性。
社会のために。
自分が生き残るために。

仕組みはあるか？

それは未来永劫続くか？

人の応援は得られるか？

それは対価を必要としているか？

資本の理論との対決＝銀行・ファンドに儲けてもらってもよいから、
お金持ちになりたい、、、か？

事業の前提、
実業家の大前提は？

榮原塾でお話したことを1つ。

手数料の設定がない契約書がありました。
契約当日、仲介者は手数料契約書を出してきました。
3％、、、
不動産の契約なので普通ですが、

値切ったら1・5%になった。

うんと得した。ほんと?

だって10億円の旅館が5億円で買えたんだから。

手数料も半分に値切れたんだから。


?????　そんなわけないよなぁ。

この仲介者、裏で1000万円くれ、、、「本当は3億円だけど高く売ってやるから」。

きっと貰ってる。

それじゃなきゃ、気持ちよく1・5%にはしないよ~。

ああ損したかも、もっと値切れたかも、、、ああ後悔、、、。

この人は絶対成功しない。
なぜなら、
だって、この会社は10年連続黒字、すごい企業だ、だから買いだ!
決算書も素晴らしい。報告書も素晴らしい。
自分の選択に間違いはないのだ。
そう判断して買おうと決断したはずなのに。

契約の日になって。
決算書、ほんと？　報告書ほんと？
もっと安く変えたんじゃないの？……焦り、後悔？
買った後も、ずっと不安、そうなると一生不安。
そうなると、ほんのちょっと売上が落ちても、
あいつに騙された、あいつのせいで、悔しい！　ってなる。

自分にとっておそれを買うことに意味があるのか。

あるなら、絶対に儲かる。

いくらで買うかなんて関係ない、高いか安いか、手数料は妥当か、誰かがだまそうとしているのか、これらも全部関係ない！


なぜなら、その会社の価値や、その旅館の価値は自分がそのとき、必要としたのだから。

ただ1点のみ！「自分が買うと決めた」。


この理論に基づいていれば必ず勝つ。

未来を（未来なんかどうなるかわからないのに）予測しようと思うから、

数字や決算をみる、、、そんな風にいかない。
昨日までずっと晴れだったのに今日から雨かもしれない。
なのに計算する。

これで勝てるか?
必勝の方法……全戦全勝。
自分の会社にとって必要かどうか＝それが幾らかは関係ない!
自分にとって必要と判断して購入したのなら勝。
だって必要なのだから。
シミュレーションではない。
みんな答えのないことを必死で探る。
必勝法は1つのみ。
予測できることはただ1つ。

答え＝自分の選択。

自分のことだけは自分でわかるじゃないか。

自分が勝った後に1億の物件が8000万円で買えたとわかって後悔するなら、
その社長は生涯負けっぱなし。
自分が選択した理由は1億で勝つと決めて買っているのだから＝勝！！！
8000万円なら勝だったのに～では毎回負け。
これを反省しているようでは一生勝てない。

だから皆さんは選択をするときに税理士や第三者に頼っていたのでは後悔する。
必ず自分自身の考えが正しいと言えなければいけない。

こうなれば、ブローカーが裏でいくらもらったか？　ではない。
失敗しない経営……なんて本があるけど、
成功する経営でしょ。
誰誰に騙されたとか、あの人の言うことを聞いて損した～とか、
言わなくて済むようになる！

2023年11月

榮原　智之

著者略歴

榮原　智之（えいはら　ともゆき）

1964年6月12日生まれ。法政大学卒業。
25歳で独立。実業一筋33年。

改訂版
売上を伸ばすより利益をはじき出せ ―飲食店経営の最強戦術

2012年12月14日　初版発行　2013年2月8日　第2刷発行
2023年12月8日　改訂版初版発行

著　者　榮原　智之　©Tomoyuki Eihara
発行人　森　　忠順
発行所　株式会社 セルバ出版
〒113-0034
東京都文京区湯島1丁目12番6号 高関ビル5B
☎03（5812）1178　FAX 03（5812）1188
https://seluba.co.jp/
発　売　株式会社 三省堂書店／創英社
〒101-0051
東京都千代田区神田神保町1丁目1番地
☎03（3291）2295　FAX 03（3292）7687

印刷・製本　株式会社 丸井工文社

ISBN978-4-86367-858-3